智·库·丛·书
（2020年）

重庆机器人产业发展研究

CHONGQING JIQIREN CHANYE FAZHAN YANJIU

代应 宋寒 于晓东 等 著

西南师范大学出版社
国家一级出版社 全国百佳图书出版单位

图书在版编目(CIP)数据

重庆机器人产业发展研究 / 代应等著. — 重庆 :
西南师范大学出版社, 2020.11
(智库丛书. 2020年)
ISBN 978-7-5697-0523-2

Ⅰ. ①重… Ⅱ. ①代… Ⅲ. ①机器人 - 产业发展 - 研究 - 重庆 Ⅳ. ①F426.67

中国版本图书馆CIP数据核字(2020)第214882号

重庆机器人产业发展研究

代应　宋寒　于晓东 等 著

责任编辑：杜珍辉
责任校对：秦　俭
封面设计：尚品视觉 CASTALY
排　　版：陈智慧
出版发行：西南师范大学出版社
　　　　　地址：重庆市北碚区天生路2号
　　　　　邮编：400715
印　　刷：重庆荟文印务有限公司
幅面尺寸：170 mm×240 mm
印　　张：9
插　　页：2
字　　数：125千字
版　　次：2020年11月 第1版
印　　次：2020年11月 第1次
书　　号：ISBN 978-7-5697-0523-2

定　　价：35.00元

2020年智库丛书编审组成员

目录
CONTENTS

第1章
绪论

DI 1 ZHANG XULUN

第1章 绪论*

（2020年4月）

1.1 研究背景

2015年5月国务院发布了《中国制造2025》，将“高档数控机床和机器人”列为十大重点突破领域之一，并制定了机器人产业的长远发展目标。在国家大力培育新兴产业以抢占未来竞争制高点的过程中，这项举措扮演着至关重要的角色。在此背景下，以机器人产业为代表的智能制造发展迅速，正步入黄金时期。

重庆正处于制造业转型升级的关键时期，市政府大力实施以大数据、智能化为引领的创新驱动发展战略行动计划，争取到2020年基本建成国家重要的智能产业基地和全国一流的大数据智能化应用示范之城。为了实现该目标，重庆市政府先后出台了《关于推进机器人产业发展的指导意见》《重庆市机器人及智能装备产业集群发展规划(2015—2020年)》《加快智能装备(机器人)产业发展若干政策(试行)》等多项政策来引导机器人产业发展。这些政策从专项资金、人才培养和引进、技术支持等方面，

*课题指导：吴家农；课题组组长：代应；课题组副组长：马明媛、宋寒；课题组成员：李海燕、李小东、景熠、于晓东、李红霞、邢乐斌、田帅辉、王会

为重庆机器人产业的发展提供了强有力的政策支撑和保障。

重庆具备发展机器人产业的工业基础，但从机器人产业发展现状看，还未形成完整的机器人产业链，核心竞争力不突出，缺少机器人产业发展的整体布局。因此，有必要对重庆机器人产业发展现状进行分析评估，针对重庆机器人产业发展的短板采取有效措施，为提高机器人产业发展质量探讨可供选择的路径。

1.2 研究目的

本项目依据重庆机器人产业发展的现状，借鉴国内其他区域机器人产业发展经验，找出重庆机器人产业存在的问题，分析重庆机器人产业发展的可行性项目，为重庆机器人产业发展的战略决策和发展路径选择提供合理化的建议。

首先，将重庆机器人产业放在全国行业背景下进行研究，通过分析对比，揭示重庆与先进地区的差距，摸清重庆机器人产业的行业地位，对重庆机器人产业的发展水平做出准确判断。

其次，着眼于构建完整的产业链，分析重庆机器人产业链的现状，找出产业链条上的短板。针对现有短板，收集国内外在相关领域的优势企业情况，对完善重庆机器人产业链布局提出招商引资的建议，供有关部门参考。

最后，着眼于改善机器人产业生态，重点培育自主研发能力，探讨发展重庆机器人产业的可行路径。

1.3 研究内容

1.3.1 研究对象

机器人是具有类似某些生物器官功能、用以完成特定操作或移动任务的应用程序控制的机械电子自动装置。目前研发的一些机器人具有一定的人工智能,可对指令做出响应,可在一定程度上独立模仿人或者其他生物体的某些行为,甚至辅助或替代人类工作。机器人的种类繁多,按机器人的用途,可以分为工业机器人、服务机器人和特种机器人三大类。工业机器人又分为焊接机器人、搬运机器人、码垛机器人、包装机器人、喷涂机器人、切割机器人和净室机器人等;服务机器人又分为公共服务机器人和个人/家用机器人等;特种机器人包括军用机器人、极限作业机器人、应急救援机器人等。

从国内机器人市场来看,未来几年内中国将成为工业和服务机器人市场增长的主要驱动力。重庆作为我国重要的工业基地,有着巨大的市场需求,在发展工业机器人产业方面具有先天优势,与此同时,重庆市打造健康便民的生活环境的任务刻不容缓,发展服务机器人也是市场所需。

本项目根据国内机器人的发展趋势以及重庆市机器人企业的具体情况,重点以重庆工业机器人和服务机器人为对象,分析重庆机器人产业发展中存在的问题,并提出相应的对策建议。

1.3.2 研究内容

本项目首先对重庆机器人产业的发展水平做一个整体评

价，旨在找出重庆机器人产业发展存在的问题，进而针对每类问题提出相关的优化路径。本项目主要包含以下七个章节：

第1章，绪论。主要就本项目的研究背景进行简要概述，指出了本项目的研究目的，界定本项目的机器人产业研究对象，进而明确本项目的主要研究内容，明晰本项目的具体研究思路。

第2章，我国机器人产业发展基本概况。从战略地位、总体规模、集聚区域、园区分布等维度介绍了国内机器人产业发展的基本概况。

第3章，重庆机器人产业国内发展水平评价与分析。首先确定机器人产业发展水平评价维度，从不同维度对重庆机器人产业发展进行比较分析和水平评价。

第4章，重庆机器人产业的主要问题。对重庆市机器人产业链结构、研发能力以及人才资源等问题进行了深入分析，为重庆市机器人产业优化路径的提出奠定了基础。

第5章，重庆机器人产业链结构优化路径。首先确立现阶段重庆须重点突破的机器人产业链短板，进而确定须重点培养的产业链短板上的本地企业，最后开展短板环节的重点企业招商。

第6章，重庆机器人研发能力提升路径。从加强机器人研发平台建设、提高产学研协同创新能力和提升专利成果质量三方面构建重庆机器人产业研发能力提升策略。

第7章，重庆机器人专业人才培育路径。从高层次人才的引进、本地教学资源的利用、人才学习交流服务平台的打造三个方面制定重庆机器人专业人才培养的路径。

依据研究内容，本项目的研究框架如图1-1所示。

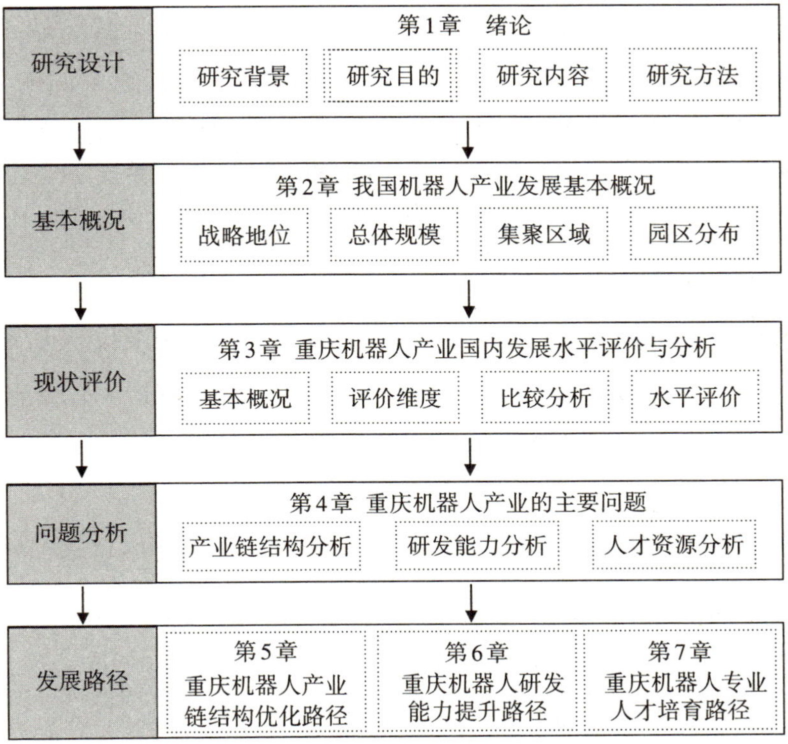

图1-1　研究框架图

1.3.3 研究思路

本项目首先分析国内六大机器人产业集聚区及重庆的发展现状，得出重庆机器人产业在国内的发展水平及地位；其次，根据重庆机器人产业的发展现状，分别从产业链结构、研发能力以及人才资源等方面找出存在的问题；最后，针对目前重庆机器人产业发展存在的问题，分别从产业链结构优化、研发能力提升、专业人才培育三方面提出发展对策。

1.4 研究方法

本项目以重庆机器人产业发展为研究对象,运用理论与实践相结合的方法对其战略选择和发展路径进行研究,所运用的研究方法如下:

(1)文献分析法

通过查阅国内外机器人产业的相关文献,收集相关资料,进行归纳总结与概括。了解工业机器人和服务业机器人产业发展现状,为项目的研究做好理论准备。

(2)比较研究法

通过对我国及重庆机器人产业政策环境、产业规模、产业结构、产业创新能力和产业聚集度等进行对比分析,得出重庆机器人产业在国内的发展水平和地位。

(3)调查研究法

根据重庆机器人产业的发展现状,从产业链结构优化、研发能力提升以及专业人才培育等方面入手对重庆现有机器人企业进行问卷调查,发现重庆机器人企业各方面存在的问题,为发展对策的研究提供重要的事实依据。通过对重庆及国内其他省市机器人行业发展情况的调查研究,对重庆机器人产业发展现状及面临的问题进行分析评价,提出重庆机器人产业发展策略。

第2章
我国机器人产业发展基本概况

DI 2 ZHANG WOGUO JIQIREN CHANYE FAZHAN JIBEN GAIKUANG

第2章　我国机器人产业发展基本概况

2.1 我国机器人发展的战略地位

2006年2月，国务院发布了《国家中长期科学和技术发展规划纲要（2006—2020年）》，首次将智能服务机器人列入先进制造技术中的前沿技术。但由于技术和市场需求的限制，“十一五”期间我国机器人产业发展缓慢。为此，2012年科技部出台了《服务机器人科技发展“十二五”专项规划》，2013年工信部出台了《关于推进工业机器人产业发展的指导意见》。“十三五”期间，为进一步推进我国机器人产业的发展，国务院和各部委出台了一系列政策。项目组收集整理了近年来国家及部委发布的机器人政策。按照政策发布的年份，绘出我国2012—2018年国务院及部委层面机器人产业相关政策颁布数量趋势图，如图2-1所示。

从图2-1中可以看出，2016年是国内对机器人相关产业政策扩充较多的一年，也是真正意义上发展机器人产业的“元年”，国家相继出台了7项有关机器人产业的相关政策，其中国务院颁布了4项政策,各部委出台了3项政策。国家一系列政策的出台,对我国机器人产业的发展进行了一系列重大战略布局,进一步明确了我国机器人产业发展的战略目标。

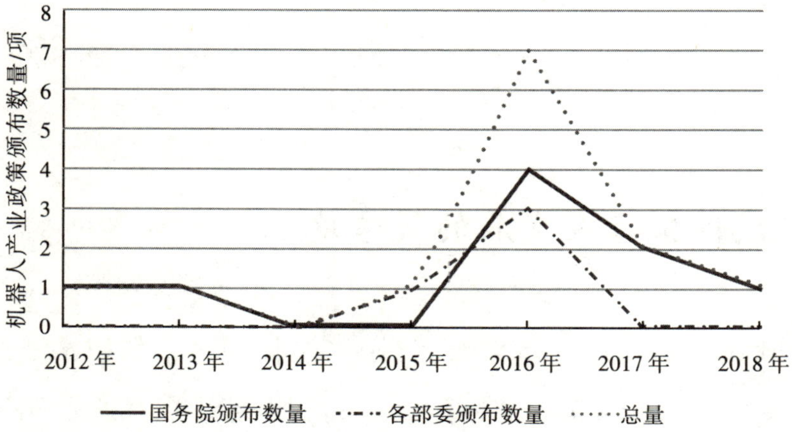

图2-1　我国2012—2018年国务院及部委层面机器人产业政策颁布数量趋势图

2.2 我国机器人产业总体规模

近年来,我国机器人产业正处于快速发展时期。中国电子学会发布的《中国机器人产业发展报告(2018年)》当时估计,2018年全球机器人市场规模将达298.2亿美元,2013年至2018年平均增长率约为15.1%,同期中国市场规模将达87.4亿美元,平均增长率达29.7%。据报道,截至2018年,我国已连续6年成为全球第一大工业机器人应用市场,同时服务机器人和特种机器人在我国的应用场景也显著扩展、需求潜力巨大。具体情况如图2-2和表2-1所示。

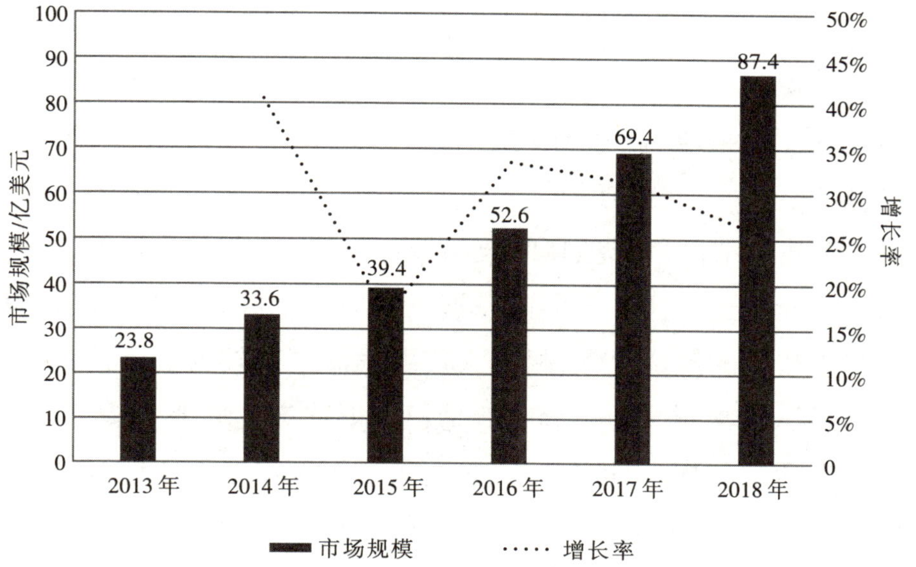

图2-2　2013—2018年我国机器人产业市场规模

注：我国机器人产业市场规模是作者根据各种资料汇总而得的，与一些报道有差异

表2-1　2018年全球及中国机器人产业发展情况表

研究指标	全球	中国	中国在全球的占比
工业机器人规模	168.2亿美元	62.3亿美元	37.04%
服务机器人规模	92.5亿美元	18.4亿美元	19.89%
特种机器人规模	37.5亿美元	6.7亿美元	17.87%
总体市场规模	298.2亿美元	87.4亿美元	29.31%
总体市场平均增长率（2013—2018年）	15.1%	29.7%	—

资料来源：中国电子学会《中国机器人产业发展报告（2018年）》

2.3 我国机器人产业集聚区域分布

以我国行政和地理区划为依据，并考虑机器人产业的实际发展情况和特点，将全国划分为京津冀地区、长三角地区、珠三角地区、东北地区、中部地区和西部地区六大机器人产业集聚区。

京津冀地区依托独特的政治地理优势，发挥产业集聚效应，以此不断促进机器人产业的发展。长三角地区作为我国经济发展起步较早的地区之一，机器人产业发展基础较为雄厚，目前在上海、昆山、常州、徐州、南京等地已经形成产业集聚。珠三角地区则囊括了广州、深圳、佛山、东莞等我国制造业发达地区，凭借广阔的应用市场和较强的基础技术实力，机器人产业正在逐步地发展壮大。东北地区作为我国老工业基地之一，不断发挥着机器人产业发展的先发优势。中、西部地区在机器人产业发展方面基础较弱且起步较晚，但也已经表现出一定的发展潜力。

2.4 我国机器人产业园分布情况

截至2018年，全国共有65个机器人产业园在建或已经建成，其在京津冀地区、长三角地区、珠三角地区、东北地区、中部地区和西部地区六大机器人产业集聚区的具体分布情况如表2-2所示。

表2-2　我国机器人产业园分布情况表

集聚区	产业园	数量
京津冀地区	唐山机器人产业园、河北廊坊香河机器人产业园、河北廊坊固安机器人产业园、石家庄机器人产业园、沧州人工智能产业园、衡水泰华伟业机器人产业园、天津机器人产业园、天津滨海机器人产业园等	14
长三角地区	昆山高新区机器人产业园、徐州经济技术开发区机器人产业园、常州市机器人及智能装备产业园、南京麒麟科技创新园、张家港机器人产业园、海安机器人小镇、嘉兴机器人智能制造产业园、余姚机器人小镇、萧山机器人小镇、嘉兴干窑机器人小镇、上海机器人产业园等	19
珠三角地区	广州国际机器人产业园、深圳坪山新区机器人产业园、深圳南山机器人产业园、深圳市智能机器人产业园、东莞松山湖国际机器人产业园、中山机器人产业园等	9
东北地区	沈抚新城机器人产业基地、沈阳新松智慧产业园、哈尔滨哈南机器人产业园	3
中部地区	洛阳机器人智能装备产业园、新乡新松机器人产业园、郑州工业机器人制造基地、许昌智能机器人制造基地等	13
西部地区	宝鸡机器人智能制造产业园、西安人工智能与机器人产业基地、重庆两江机器人产业园、成都智能装备及机器人产业园等	7

从整体上看，我国机器人产业园的分布情况呈现出“全面开花，区域集中”的特点，大部分省市建有机器人产业园，六大机器人产业集聚区的机器人产业园数量在全国的占比如图2-3所示。

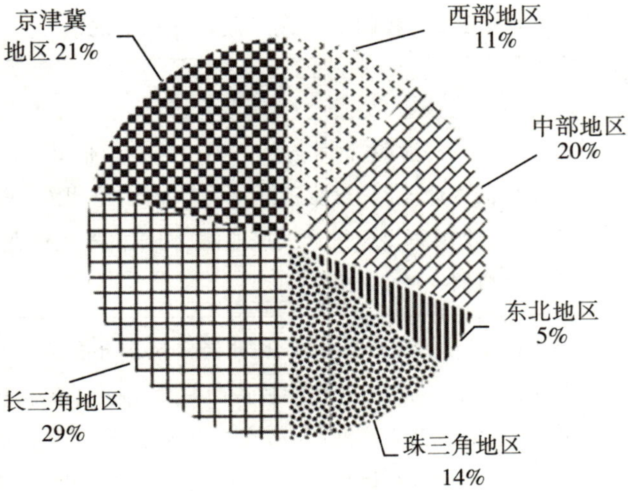

图2-3　六大集聚区机器人产业园数量在全国的占比

注：京津冀地区机器人产业园数量在全国的占比约为21.5%，为保证合值为100%，约值计为21%

京津冀地区产业园数量约占总数的五分之一，该地区具有发展机器人产业的独特技术优势，产业园覆盖了机器人自动化生产与集成应用等一系列产品和服务领域。长三角地区和珠三角地区是我国汽车和电子制造企业的集聚地，也是重要的机器人自动化企业集聚地，依托制造业的强大优势建立了近30个机器人产业园，其中以广东省的数量最多。东北作为我国著名的老工业基地，最早开展了机器人的研发与生产，培育出了第一批机器人上市公司。中、西部地区机器人产业发展起步较晚，但凭借政策支持与战略布局，目前在产业园区建设方面已形成一定集聚效应。

第3章 重庆机器人产业国内发展水平评价与分析

DI 3 ZHANG CHONGQING JIQIREN CHANYE GUONEI FAZHAN SHUIPING PINGJIA YU FENXI

第3章 重庆机器人产业国内发展水平评价与分析

3.1 重庆机器人产业国内发展水平评价指标

机器人产业的产业链分为上游、中游、下游,其中每一个环节的分工都存在着一定差异,科学合理的产业结构将有利于机器人产业发展的进一步转型升级;机器人产业的规模是产业发展的基础,机器人企业的产业规模决定着企业生存发展的根基;机器人产业的发展依赖关键核心技术,技术密集型产业必须牢牢把握住新兴技术革命的前沿优势,因此研发能力就显得尤为重要;技术创新要以人才为基础,技术的竞争说到底是人才的竞争,专业人才对于机器人产业的发展起着至关重要的作用。因此项目组选取产业链结构、产业规模、研发能力、人才资源4个一级指标对机器人产业的发展水平进行评价。

(1)产业链结构

机器人产业链涵盖了核心零部件、本体生产和系统集成三部分。从整个产业链来看,上游的核心零部件是机器人产业链的成本中心,因其技术壁垒较高,具有较高的获利能力;而处于中游的本体生产和处于下游的系统集成的成本较低,技术壁垒相对较低,因而毛利水平不高。本项目采用本体研发能力、高端产品收入占比、平均核心零部件本土化率三个二级指标对机器人产业链结构进行评价。

(2)产业规模

规模是产业发展的基础,机器人企业的产业规模的大小决定了企业最终能够实现利润的大小。同时,市场需求也影响着机器人产业的发展方向,新的需求的出现会在极大程度上刺激技术的提高,进而推动全产业链的转型升级。本项目采用机器人企业数量、机器人产业总产值两个二级指标对机器人产业规模进行评价。

(3)研发能力

机器人产业作为科技创新驱动型产业,其发展是建立在关键核心技术的创新与突破的基础之上的,技术的突破是机器人产业发展起来的前提和动力。作为机器人产业链关键环节的核心零部件,就是整个产业链条上研发能力的集中表现,只有掌握了关键技术的研发能力才能在市场竞争中立于不败之地。本项目采用高新技术企业总数、从事机器人研发的高校及研发中心总数、机器人产业平均研发投入强度三个二级指标对机器人研发能力进行评价。

(4)人才资源

技术突破要以人才为基础,技术竞争的关键是人才的竞争。人的要素存在于机器人产业链的全过程,专业人才更是其中不可或缺的部分。机器人产业的发展不仅需要大量基础研究人才,更需要有专业知识的专业技术人才和拥有管理能力的企业管理人才,三者缺一不可。本项目采用从业人员数量全国占比、技术研发人才数量全国占比、人才培养能力三个二级指标对机器人人才资源进行评价。

综上，机器人产业评价指标体系如表3-1所示。

表3-1 机器人产业评价指标体系表

目标层	一级指标	二级指标
机器人产业发展水平评价	产业链结构	本体研发能力
		高端产品收入占比
		平均核心零部件本土化率
	产业规模	机器人企业数量
		机器人产业总产值
	研发能力	高新技术企业总数
		从事机器人研发的高校及研发中心总数
		机器人产业平均研发投入强度
	人才资源	从业人员数量全国占比
		技术研发人才数量全国占比
		人才培养能力

3.2 重庆机器人产业国内发展水平评价

从我国六大机器人产业集群看，重庆位于西部产业集群，因此要确定重庆机器人产业在国内的发展水平，需要先理清西部地区在我国机器人产业集群区的地位，再通过分析重庆机器人产业在西部的水平，进而确定重庆机器人产业在全国的发展水平。因此，下面将从产业链结构、产业规模、研发能力、人才资源四个维度，分别对西部在全国的水平，以及重庆在西部的水平进行评价分析，最终得到重庆机器人产业在全国的发展水平。

3.2.1 机器人产业链结构

机器人产业链结构的完整性以及产业链上各环节是否具有竞争性，在一定程度上可以表明该产业的发展程度。项目组首先对西部机器人产业链结构在国内的水平进行评价，随后对重庆机器人产业链结构在西部的水平进行评价，进而得到重庆机器人产业链结构在全国的水平。

(1)西部地区机器人产业链结构在全国的水平分析

六大机器人产业集聚区产业链结构情况如下。

长三角地区工业基础较好，在上海、昆山、无锡、常熟、徐州、南京等地区形成了长三角机器人产业集群。长三角地区整体水平位于全国首位，其从事本体研发企业数量占比，以及平均核心零部件本土化率均位于全国首位，高端产品收入占比位于全国领先水平。长三角地区机器人产业链正在向全产业链各个环节的重点发力，比如上游的精密减速器制造、零部件控制系统以及伺服电机研发生产，产业链中游的本体制造和下游用户端供应服务，以增加产业链各个环节的竞争力。

珠三角地区机器人制造业企业分布较为集中，在深圳、广州、佛山、东莞等地区形成了珠三角机器人产业集群。珠三角地区机器人产业链条建设较为完备，其从事本体研发企业数量占比在全国处于中等水平，高端产品收入占比均位于全国领先水平。珠三角地区产业链结构较为合理，拥有一定数量的自主品牌企业，平均核心零部件率居于全国首位，正逐渐形成相对完善的产业链布局。

京津冀地区具有良好的制造业基础，在北京、天津、河北等地区形成了京津冀机器人产业集群。京津冀地区机器人产业链格局基本形成，其从事本体研发企业数量占比和平均核心零部件本土化率均位于全国中等水平，但高端产品收入占比位于全国领先水平。虽然京津冀地区产业链上游部分重点企业已实现核心零部件的自主研发，但是部分零部件以进口为主，产业链上游竞争力不强。

东北地区是我国最重要的老工业基地之一，在哈尔滨、沈阳、抚顺等地区形成了东北机器人产业集群。东北地区机器人产业发展历史悠久，其从事本体研发企业数量占比位于全国领先水平，平均核心零部件本土化率、高端产品收入占比均位于全国中等水平。东北地区工业机器人产业链具有较强的竞争力，但服务机器人产业链结构尚不完善。

中部地区机器人产业起步较晚，落后于沿海地区与东北地区，在芜湖、洛阳、武汉、长沙、湘潭等地区形成了中部机器人产业集群。中部地区正在建立功能相对完善、结构日趋合理的机器人产业链条，其从事本体研发企业数量占比、平均核心零部件本土化率，以及高端产品收入均位于全国中下水平。中部地区在机器人产业链上的自主研发能力较弱，在各环节上优劣势差异较为明显。

西部地区机器人产业起步较晚，在重庆、成都、西安等地区形成了西部机器人产业集群。西部地区机器人产业链总体规模较小，集群效应还在培育之中，其从事本体研发企业数量占比、平均核心零部件本土化率，以及高端产品收入都处于较低的水平。西部地区机器人产业培育时间较短，产业链条上各个环节都相对比较薄弱。

项目组在《中国机器人产业发展报告（2018）》的基础上，进一步对六大机器人产业集聚区相关资料进行收集整理，分别从本体研发能力、高端产品收入占比、平均核心零部件本土化率等三个方面，对全国六大机器人产业集聚区的产业链结构进行了综合评价，详情如表3-2所示。

表3-2 全国机器人产业链结构评价表

全国六大机器人产业集聚区	相关指标			产业链结构综合评价
	本体研发能力	高端产品收入占比	平均核心零部件本土化率	
京津冀地区	★★★	★★★★	★★★	●●●
长三角地区	★★★★★	★★★★	★★★★★	●●●●●
珠三角地区	★★★	★★★★	★★★★★	●●●●
东北地区	★★★★	★★★	★★★	●●●
中部地区	★★	★★	★★	●●
西部地区	★	★	★	●
全国平均水平	●●●			

评价指标说明：

本体研发能力指机器人企业本体的研发能力，用★表示机器人本体研发能力滞后，★★表示本体研发能力处于中下水平，★★★表示本体研发能力处于中等水平，★★★★表示本体研发能力处于中上水平，★★★★★表示本体研发能力处于全国领先水平。《中国机器人产业发展报告(2018)》中已经给出了六大产业集聚区本体研发能力的排序，项目组依照排序，给出了评价的星级

高端产品收入占比指本地区机器人高端产品的收入占本地区机器人产品总收入的比例，用★表示高端产品收入占总收入的0%—<20%，★★为20%—<40%，★★★为40%—<60%，★★★★为60%—<80%，★★★★★为80%—<100%

平均核心零部件本土化率中★表示本土化率低(20%以下)，★★表示本土化率较低(20%—<40%)，★★★表示本土化率一般(40%—<60%)，★★★★表示本土化率较高(60%—<80%)，★★★★★表示本土化率非常高(80%及以上)

综合评价：●/●●/●●●/●●●●/●●●●●分别表示该地区机器人产业结构总体水平差、较差、中等、较好和好

根据表3-2的评价结果，对比六大产业集聚区的机器人产业链发展水平，可以发现长三角地区和珠三角地区处于领先地位，京津冀地区和东北地区处于中游水平，中部地区和西部地区发展较为滞后，与其他区域还存在不小的差距。

(2)重庆机器人产业链结构在西部地区的水平分析

西部地区机器人产业主要集中在陕西、四川和重庆三地，而陕西、四川和重庆在产业链结构上存在显著差别。陕西省是我国工业大省之一，在工业制造业方面发展较好，但由于陕西省机器人产业起步较晚，发展相对缓慢，机器人产业链尚未健全。

就西部地区机器人产业而言，陕西本体研发能力位于中等水平，平均核心零部件本土化率位于相对滞后水平，高端产品收入占比位于较为滞后的水平。四川的产业链结构基本形成，主要以成都地区为代表，大多高新技术企业都聚集在成都市及周边，其企业数量在西部地区排名第一。就西部地区机器人产业而言，四川本体研发能力位于较高水平，平均核心零部件本土化率处于中等水平，高端产品收入处于较高水平。重庆地区工业机器人产业链基本形成，而服务机器人产业链尚不健全。就西部地区机器人产业而言，重庆本体研发能力位于中等水平，处于较高水平，高端产品收入同样也处于中等水平。项目组分别从本体研发能力、高端产品收入占比、平均核心零部件本土化率等三个方面，对陕西、四川和重庆三地的机器人产业链结构进行了综合评价，详情如表3-3所示。

表3-3 全国机器人产业链结构评价表

主要区域	相关指标			产业链结构综合评价
	本体研发能力	高端产品收入占比	平均核心零部件本土化率	
陕西地区	★★	★	★	●
四川地区	★★★	★★★	★★	●●●
重庆地区	★★	★★	★★★	●●

评价指标说明：

按照三个地区本体研发能力排序给出星级，本体研发能力排第一的，给★★★，排第二的给★★，排第三的给★。本表中陕西地区和重庆地区并列第二

按照三个地区机器人高端产品收入占比由高到低的顺序给出星级，高端产品收入占比排第一的给★★★，排第二的给★★，排第三的给★

按照三个地区平均核心零部件本土化率由高到低的顺序给出星级，平均核心零部件本土化率排第一的，给★★★，排第二的给★★，排第三的给★

产业链结构综合评价：●/●●/●●●分别表示该地区机器人产业结构总体水平排序状态，排第一的，给●●●，排第二的给●●，排第三的给●

根据表3-3的评价结果，综合西部地区机器人产业链结构发展现状，四川地区产业链结构完善程度最好，其次是重庆地区，最后是陕西地区。从全国及西部产业链结构来看，重庆市产业链结构各个环节相对缺乏竞争力，需要进一步完善，以增强产业链竞争优势。

（3）重庆机器人产业链结构在全国的水平

从机器人产业链结构水平来看，在西部四川、重庆、陕西三个主要机器人产业区中，四川的产业链结构完善度最高，重庆居中，而最低的是陕西。但西部地区产业链结构水平，在全国机器人产业集聚区处于垫底位置，无论是本体研发能力、高端产品收

入占比，还是平均核心零部件本土化率都处于全面落后状态。因此，重庆的机器人产业链结构水平较低，低于全国平均水平。

3.2.2 机器人产业规模

机器人行业在指定时间内的产量和产值可以在一定程度上反映机器人产业的规模，表明该产业的发展程度。项目组首先对西部在国内的产业规模水平进行评价，随后对重庆在西部的产业规模水平进行评价，进而得到重庆在全国的产业规模水平。

（1）西部地区机器人产业规模在全国的水平分析

项目组对六大机器人产业集聚区的机器人企业数量（只统计上规模企业，后同）进行了调查，并绘出六大机器人产业集聚区机器人企业数量占比关系图（图3-1）。

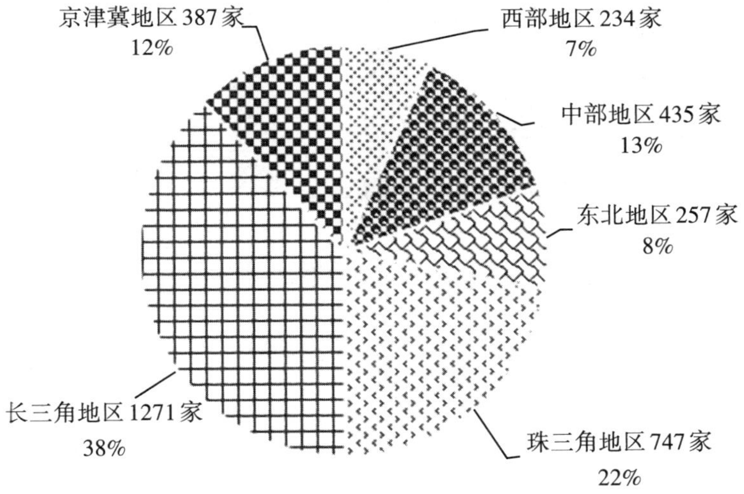

图3-1　六大机器人产业集聚区机器人企业数量

从六大机器人产业集聚区的机器人企业数量统计上看，长三角地区遥遥领先，共有1271家机器人企业，其数量占全国机器人企业总数量的38%。珠三角地区虽然排在第二，但与处于第一的长三角地区相差较大，只有747家机器人企业。中部地区和京津冀的机器人企业数量相差不大，分别排在第三和第四，分别占全国机器人企业总数量的13%和12%。东北地区机器人企业数量为257家，排在第五位。西部地区机器人企业数量最少，仅有234家机器人企业，其数量仅占全国总量的7%。

项目组进一步整理了六大机器人产业集聚区的机器人产业总产值数据，并绘出我国六大机器人产业集聚区总产值对比图（图3-2）。

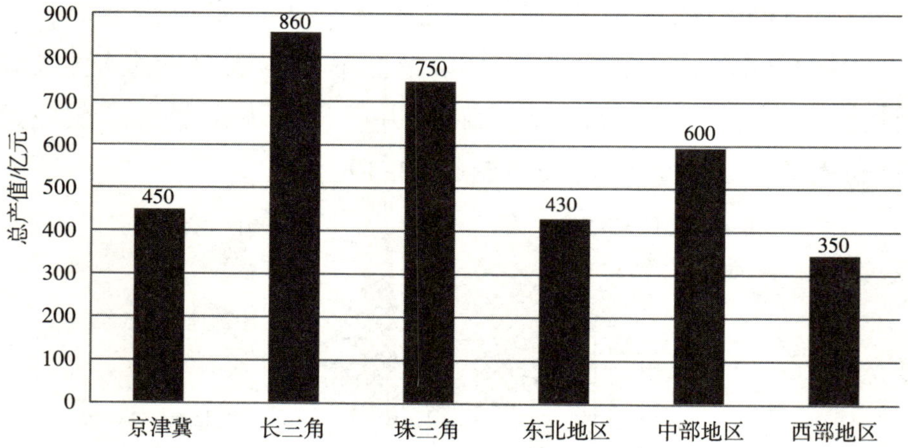

图3-2　六大机器人产业集聚区总产值对比图

从机器人产业总产值统计情况来看，长三角地区总产值为860亿元，位居六大机器人产业集聚区之首。珠三角地区机器人产业总产值为750亿元，仅次于长三角地区，位于第二，且与长三角地区的机器人产业总产值差距不大。位于第三和第四的分别是中部地区和京津冀地区，其机器人产业总产值分别达到了600亿元和450亿元。东北地区机器人产业总产值为430亿元，与京津冀地区基本持平，排在第五位。而西部地区机器人产业总产值仅为350亿元，在机器人产业集聚区中最低。

通过对京津冀地区、长三角地区、珠三角地区、东北地区、中部地区和西部地区六大机器人产业集聚区的机器人企业数量和机器人产业总产值进行分析，得到六大机器人产业集聚区产业规模评价表（表3-4）。

表3-4　全国六大机器人产业集聚区产业规模评价表

全国六大机器人产业集聚区	相关指标		产业规模综合评价
	机器人企业数量	机器人产业总产值	
京津冀地区	★★	★★	●●
长三角地区	★★★★★	★★★★	●●●●
珠三角地区	★★★★	★★★	●●●
东北地区	★★	★★	●●
中部地区	★★	★★★	●●●
西部地区	★	★	●
全国平均水平	●●◑		

评价指标说明：

机器人企业数量，用★表示机器人企业数量为0—250家，★★表示250—<450家，★★★表示450—<600家，★★★★表示600—<800家，★★★★★表示800家及以上

机器人产业总产值，用★表示机器人产业总产值为0—<400亿元，★★表示400亿—<600亿元，★★★表示600亿—<800亿元，★★★★表示800亿—<1000亿元，★★★★★表示1000亿元及以上

结合企业数量和机器人产业总产值进行产业规模综合评价，用●表示差，●●表示较差，●●●表示一般，●●●●表示好，●●●●●表示非常好

表中全国平均水平●●◑表示介于较差和一般之间

(2)重庆机器人产业规模在西部地区的水平分析

为了更好地了解重庆机器人产业规模现状,项目组对西部地区机器人企业数量进行了统计(只统计上规模企业,后同),绘出各个省市的机器人企业数量占比分布图(图3-3)。

从西部地区机器人企业数量统计结果来看,重庆机器人企业数量相对较多,有80家,占西部机器人企业数量的34%。四川的机器人企业数量略少于重庆,有69家,占西部机器人企业数量的29%。陕西机器人企业数量与四川基本相等,有65家,所占比例为28%。在机器人企业数量方面,虽然重庆在西部地区具有一定的优势,但考虑到西部地区本身在六大机器人产业集聚区中数量最少,重庆机器人产业企业数量在全国而言并不占优。

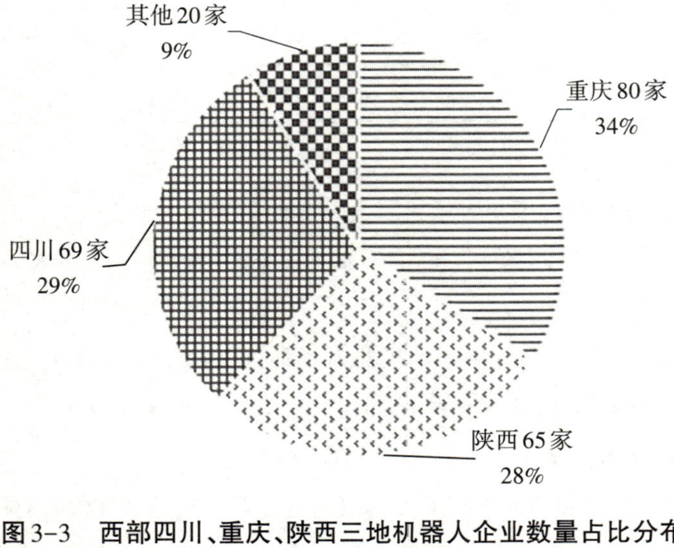

图3-3 西部四川、重庆、陕西三地机器人企业数量占比分布图

资料来源:西安机器人产业报告等网上公开资料

项目组对机器人产业总产值进行了进一步调查和分析，绘出了西部各省市机器人产业总产值占比分布图（图3-4）。

从西部各省市机器人产业总产值统计结果来看，重庆机器人产业总产值位居第一位，占西部地区机器人总产值的34%。四川和陕西的机器人总产值相等，都为100亿元，分别占西部地区机器人总产值的29%。考虑到西部地区机器人总产值在六大机器人集聚区中最低，我们认为重庆在机器人产业总产值方面仍然处于落后水平。

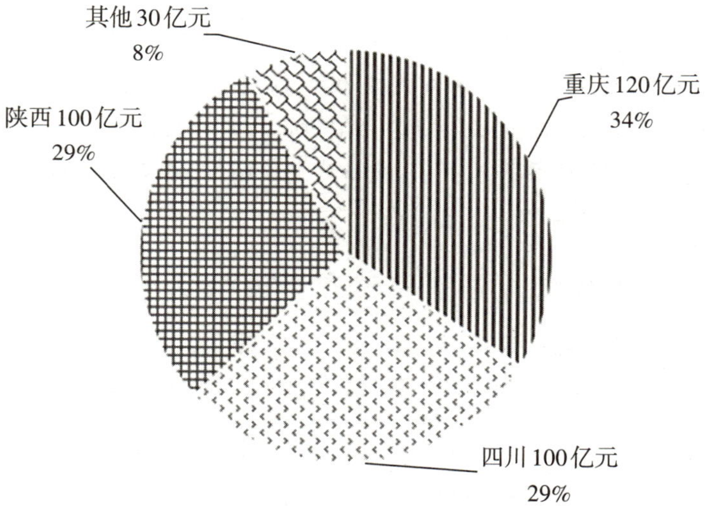

图3-4　西部四川、重庆、陕西三地机器人产业集聚区总产值占比分布图

注：其他取8%是为统计方便，实际约8.57%

通过对西部地区中陕西、重庆、四川的机器人企业数量和机器人产业总产值进行分析，我们得到西部地区机器人产业规模评价表（表3-5）。

表3-5 西部地区机器人产业集聚区产业规模评价表

主要区域	相关指标		产业规模综合评价
	机器人企业数量	机器人产业总产值	
陕西	★★	★★	●●
重庆	★★	★★★	●●◑
四川	★★	★★	●●

评价指标说明：

机器人企业数量，用★表示该地区机器人企业数量为0—＜50家，★★表示为50—＜100家，★★★表示100—＜150家，★★★★表示150—＜200家，★★★★★表示200家及以上

机器人产业总产值，用★表示该地区机器人产业总产值0—＜60亿元，★★表示60亿—＜110亿元，★★★表示110亿—＜150亿元，★★★★表示150亿—＜200亿元，★★★★★表示200亿元及以上

结合企业数量和机器人产业总产值进行产业规模综合评价，用●表示差，●●表示较差，●●●表示一般，●●●●表示好，●●●●●表示非常好。●●◑表示介于较差和一般之间

(3)重庆机器人产业规模在全国的水平

从机器人产业规模水平上看，西部四川、重庆、陕西三个主要机器人产业区中，重庆的产业规模水平较高，其次是四川和陕西。但西部地区产业规模水平，在全国六大机器人产业集聚区垫底，无论是机器人企业数量，还是机器人产业总产值都处于全面落后状态。因此，重庆机器人产业规模水平在全国仍较低。

3.2.3 机器人研发能力

(1)西部地区机器人研发能力在全国的水平分析

机器人产业属于技术型新兴产业，其产业研发能力在很大

程度上决定了该产业的发展潜力及前景。分析西部地区机器人产业的研发能力在全国所处的水平,可以进而了解重庆市机器人产业研发能力在全国的水平。项目组首先对中国六大产业集聚区技术研发能力的综合情况进行了调查,对中国电子学会《中国机器人产业发展报告(2018)》中的相关数值进行了分析,绘出中国六大产业集聚区技术研发综合能力值柱状图(图3-5)。

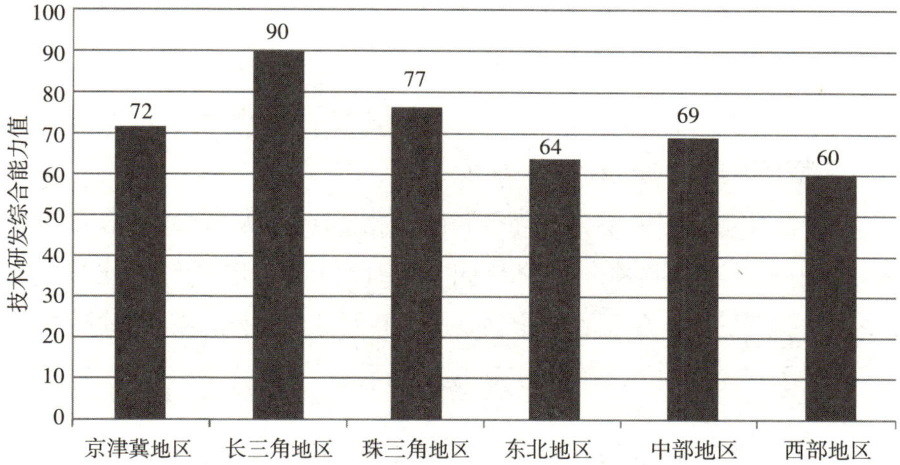

图3-5　六大产业集聚区技术研发综合能力值柱状图

当前,我国六大产业集聚区技术研发能力水平呈现非均匀分布的特点。相关资料显示,其技术研发综合能力水平从强到弱的排序为:长三角地区、珠三角地区、京津冀地区、中部地区、东北地区和西部地区。长三角地区之所以在技术研发能力方面位居首位,是因为长三角地带主要包括江苏、上海、浙江等地,诸多的国家重点高校和相关的重点企业分布于此,产学研体系较为完善;珠三角地区位于沿海地区,有较多的高新技术企业,其中也不乏机器人相关企业,它们吸收了较多的国内外先进经验,拥有一定的优势;京津冀地区主要由北京、天津和河北组成,北京和天津的高校资源丰富，技术研发具有天然的优势，河北通过与北京和天津的协同合作，引进其创新资源来推动自身发展；中部地区相对长三角地区、珠三角地区和京津冀地区则处于相对劣势地位，其创新资源相对较少，机器人相关的高新技术企业也相对缺乏；东北地区作为我国的老工业基地，其机器人产业相关的企业比较集中，尤其是相关的龙头企业，具有较大的规模，技术研发实力相对较强，但是该地区大多数机器人产业相关企业为传统型科技企业，实力较弱；西部地区相对其他五大集聚区来说，其技术研发能力最弱，与机器人相关的高新技术企业数量较少，且整体的研发投入水平较低。

项目组根据以上相关资料的分析，分别从高新技术企业总数、从事机器人研发的高校及研发中心总数、机器人产业平均研发投入强度三个方面，对全国六大机器人产业集聚区的研发能力进行了综合评价，详情如表3-6所示。

表3-6　全国六大机器人产业集聚区研发能力评价表

全国机器人产业各个区域	相关指标			研发能力综合水平
	机器人产业高新技术企业总数	从事机器人研发的高校及研发中心总数	机器人产业平均研发投入强度	
京津冀地区	★★★★	★★★★	★★★★	●●●●
长三角地区	★★★★	★★★★	★★★★	●●●●
珠三角地区	★★★	★★★	★★★	●●●
东北地区	★★	★★	★★	●●
中部地区	★★	★★	★★	●●
西部地区	★	★	★	●
全国平均水平	●●◑			

评价指标说明：

机器人产业高新技术企业总数：★表示公司总数在150家以下，★★表示公司总数在150—<300家，★★★表示公司总数在300—<450家，★★★★表示公司总数在450—<600家，★★★★★表示公司总数在600家及以上

从事机器人研发的高校及研发中心总数：★表示总数在80所以下，★★表示总数在80—<100所，★★★表示总数在100—<120所，★★★★表示总数在120—<140所，★★★★★表示总数在140所及以上

机器人产业平均研发投入强度：用★表示研发投入占主营业务收入2%以下；★★表示研发投入占主营业务收入2%—<4%；★★★表示研发投入占主营业务收入4%—<6%；★★★★表示研发投入占主营业务收入6%—<8%，★★★★★表示研发投入占主营业务收入8%及以上

研发能力综合水平：●表示差，●●表示较差，●●●表示一般，●●●●表示好，●●●●●表示非常好

表中全国平均水平●●◑表示介于较差和一般之间

如表3-6所示，京津冀地区与长三角地区的机器人技术研发能力，位列各区域的第一档；其次是珠三角地区；东北地区和中部地区的技术研发能力基本处于全国的中等偏下水平，但是相对西部地区而言，并不占优势。综上可以看出，西部地区在机器人产业创新能力方面与发达地区相比，还是存在着不小的差距。

(2)在机器人技术研发方面，重庆与西部其他主要地区的比较

目前，西部地区机器人产业集聚区主要由陕西、四川和重庆

三大地区组成，每个地区的地理条件、经济发展水平以及政府重视程度等不同，导致三个地区的机器人产业创新能力存在着一定差异。

陕西的机器人产业具有一定的基础，西安交通大学、西安理工大学、西北工业大学、西安电子科技大学等高校拥有自己的人工智能与机器人研究所或研究中心。同时，高新技术研究单位和高科技型企业，如西安航天精密机电研究所、秦川机床工具集团股份公司、渭河工模具有限公司等掌握了一部分高新技术。但是，陕西机器人产业的技术研发投入相对较少，且校企合作机制不够完善，政产学研的协同机制欠佳，导致机器人产业技术研发能力难以得到质的提升。

四川机器人产业主要以成都市为核心，大多机器人高新技术企业聚集在成都市，产业的相对集聚度较高，其技术研发水平相对较高。但四川机器人产业的技术资源整合性较差，高校、科研机构和企业之间的桥梁没有接通，缺乏各相关要素间的互补，加之研发经费投入不足，导致四川机器人产业的技术研发能力尚未达到预期水平。

重庆机器人产业的技术研发具有一定的实力，但整体上还比较落后。重庆市相继成立了一些机器人研发机构和研究中心，同时也有众多高校资源。但是，重庆市聚集的机器人相关高新技术企业数量较少，技术研发资源与企业的对接不够，且部分高校和研发机构的前沿理论研究与企业实际需求现状存在差距，从而导致技术研发的成果转化困难。

项目组为进一步研究重庆市机器人技术研发能力水平现

状，对重庆、陕西、四川的技术研发能力相关指标做了进一步分析，结果如表3-7所示。

表3-7　西部地区机器人产业集聚区技术研发能力评价表

主要区域	相关指标			研发能力综合水平
	机器人产业高新技术企业总数	从事机器人研发的高校及研发中心总数	机器人产业平均研发投入强度	
陕西	★	★★	★	●
重庆	★★	★★★★	★★	●●
四川	★★★	★★	★★★	●●

评价指标说明：

机器人产业高新技术企业总数：★表示公司总数在20家以下，★★表示公司总数在20—＜40家，★★★表示公司总数在40—＜60家，★★★★表示公司总数在60—＜80家，★★★★★表示公司总数在80家及以上

从事机器人研发的高校及研发中心总数：★表示总数在10所以下，★★表示总数在10—＜15所，★★★表示总数在15—＜20所，★★★★表示总数在20—＜25所，★★★★★表示总数在25所及以上

机器人产业平均研发投入强度：按照三个地区机器人产业平均研发投入强度排序给出星级，平均研发投入强度排第一的，给★★★，排第二的给★★，排第三的给★

研发能力综合水平：●表示差，●●表示较差，●●●表示一般，●●●●表示好，●●●●●表示非常好

资料来源：中国电子学会

如表3-7所示，在西部地区范围内，重庆和四川的技术研发能力相比陕西要高些。重庆作为西部地区的重要一员，在机器人技术研发方面具有一定的实力。

(3)重庆机器人产业研发能力在全国的水平

西部地区机器人产业研发能力水平在全国六大机器人产业集聚区垫底,无论是机器人产业高新技术企业总数、从事机器人研发的高校及研发中心总数,还是机器人产业平均研发投入强度都处于全面落后状态。重庆机器人产业研发能力虽然在西部地区较高,但是相比发达地区,仍然存在很大的差距,其技术创新能力在全国处于中下等水平,需要进一步提高。

3.2.4 机器人人才资源

从业人员数量占比可以反映一个行业的整体人力资源规模和行业发展水平,技术研发人员数量占比则进一步体现了一个行业的技术创新能力,人才培养能力是对行业专业人才培养潜力的综合评价,因此本项目选取这三个指标对重庆机器人产业人才资源总体情况进行评价分析。项目组通过查阅和整理机器人人才相关资料,首先评价了我国六大机器人产业集聚区的人才资源水平,在此基础上进一步对西部地区及重庆机器人人才资源情况进行综合评价,通过对比得出当前重庆市在全国以及西部地区的人才资源状况。

(1)西部地区机器人产业人才资源在全国的水平分析

首先,以“从业人员数量占比”为指标对各个集聚区的机器人产业人力资源总量进行对比分析。调查显示,当前我国机器人六大集聚区产业从业人员总量为140万人,每个集聚区从业人员数量占总量的比例如图3-6所示。

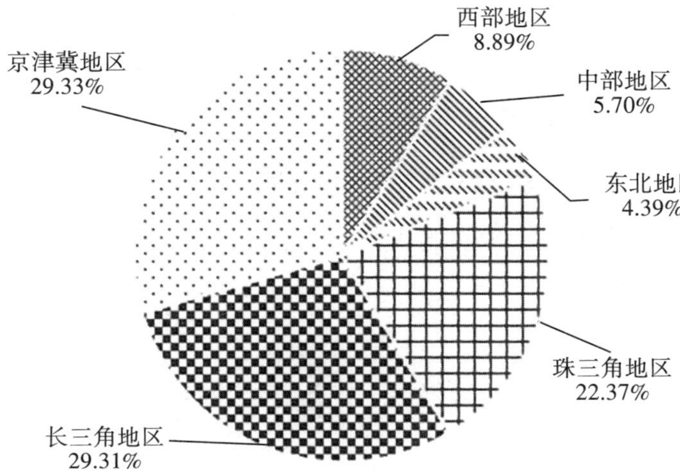

图3-6　六大集聚区机器人产业从业人员数量占比对比

数据来源：根据资料收集整理

注：1.合计值不为100%是四舍五入导致的，后同

2.因其他地区机器人产业从业人员数量较少，此处只统计了六大集聚区的数据

从图中可以看出，京津冀、长三角和珠三角地区机器人产业从业人数相对较多，分别占机器人产业从业总人数的29.33%，29.31%，22.37%，西部地区机器人产业从业人数相对较少，占机器人产业从业总人数的8.89%，中部地区及东北地区机器人产业从业人数较少，分别为5.70%，4.39%。

其次，以"技术研发人员数量占比"为指标对各个集聚区的机器人产业人力资源水平进行对比分析。本项目中技术研发人员指那些掌握着比较先进的现代科学文化知识，富有开拓精神和创新能力，适应市场竞争的需要，并能以其创造性的工作为经济发展和社会进步做出贡献的人才。调查显示，我国六大集聚区机器人产业从业人员中共计有27万余名员工从事技术研发工作，这些技术研发人才在六大集聚区的分布比例见图 3-7。京津冀、长三角以及珠三角研发实力雄厚，研发人才数量分别占总量的 25.50%，24.60%，20.50%；中部地区和东北地区研发人才数量相对较少，分别占 9.90%，11.92%；西部地区现有技术研发人员数量最少，仅占总量的 7.58%。

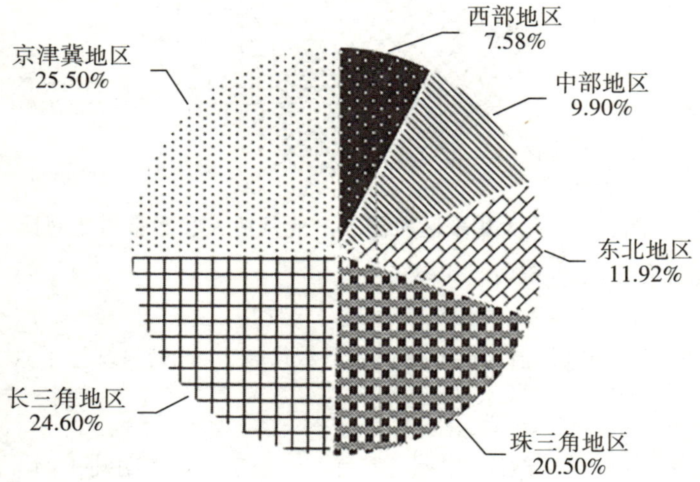

图 3-7　六大集聚区技术研发人员数量占比对比

注：因其他地区机器人产业技术研发人员数量较少，此处只统计了六大集聚区的数据

最后，以“人才培养能力”为指标对各个集聚区的人才培养潜力进行分析。调查显示，高校输出的机器人专业人才占整个社会培养的机器人专业人才总量的 66% 以上，通过教育渠道培养机器人人才是着眼于行业未来发展的长远之计。故项目组选取六大集聚区开设机器人及其相关专业高校数量对各区人才培养能力进行衡量，结果如表 3-8。

表3-8　六大集聚区开设机器人及其相关专业高校数量及名称

六大集聚区	省市	学校数量	学校名称
京津冀（16所）	北京	9	北京大学、清华大学、北京航空航天大学、北京工业大学、北京科技大学、北京信息科技大学、北京联合大学、北京邮电大学、首都师范大学
	天津	5	南开大学、天津理工大学、天津职业技术师范大学、天津中德应用技术大学、河北工业大学
	河北	2	石家庄学院、燕京理工学院
长三角（24所）	江苏	14	东南大学、河海大学、南京信息工程大学、中国矿业大学、南通大学、南京工程学院、常熟理工学院、徐州工程学院、金陵科技学院、淮阴工学院、三江学院、南京理工大学泰州科技学院、泰州学院、南通理工学院
	上海	6	复旦大学、上海交通大学、上海工程技术大学、同济大学、上海理工大学、上海第二工业大学
	浙江	4	浙江大学、浙江科技学院、浙江师范大学、浙江工业大学
珠三角（13所）	广东	13	中山大学、华南理工大学、广州大学、广东技术师范学院、韶关学院、广东白云学院、广东工业大学华立学院、北京理工大学珠海学院、华南理工大学广州学院、广东科技学院、广东理工学院、广州航海学院、东莞理工学院
西部（18所）	陕西	5	西安电子科技大学、西安文理学院、西安航空学院、西安交通大学城市学院、西安邮电大学
	重庆	8	重庆大学、重庆邮电大学、重庆交通大学、重庆文理学院、重庆理工大学、重庆科技学院、重庆三峡学院、长江师范学院
	四川	5	成都信息工程大学、成都理工大学工程技术学院、四川大学、内江师范学院、四川大学锦城学院

续表

六大集聚区	省市	学校数量	学校名称
中部（16所）	河南	5	洛阳理工学院、新乡学院、周口师范学院、商丘工学院、河南工学院
	湖北	8	武汉科技大学、湖北工业大学、武汉商学院、武昌首义学院、湖北工业大学工程技术学院、中南民族大学、武汉工程大学、武昌理工学院
	湖南	3	中南大学、湖南大学、湖南科技大学
东北（18所）	辽宁	10	东北大学、沈阳理工大学、沈阳工业大学、大连海事大学、沈阳工程学院、辽宁科技学院、沈阳科技学院、辽宁理工学院、沈阳工学院、大连东软信息学院
	吉林	3	东北电力大学、吉林工程技术师范学院、长春工业大学人文信息学院
	黑龙江	5	哈尔滨工业大学、哈尔滨商业大学、哈尔滨远东理工学院、哈尔滨华德学院、黑龙江东方学院

数据来源：根据资料收集整理，区域划分参考了《中国机器人产业发展报告（2018年）》

由表3-8可知，长三角地区开展机器人及其相关专业的高校数量最多，高达24所，具有很强的人才输出能力；东北、京津冀、西部、中部区人才培养能力处于中等水平，高校数量分别为18、16、18、16所；珠三角开展机器人及其相关专业的高校数量最少，机器人相关人才输出能力有待进一步提高。

通过从业人员数量占比、技术研发人员数量占比以及人才培养能力三大指标对六大机器人集聚区的对比分析，我们对各集聚区的人才情况有了大致了解。项目组根据这三大指标对六大集聚区机器人产业的人力资源集聚情况进行了综合评价，结果见表3-9。

表3-9 六大集聚区机器人产业人力资源集聚情况评价表

全国六大机器人产业集聚区	相关指标			人力资源集聚情况综合评价
	从业人员数量占比	技术研发人员数量占比	人才培养能力	
京津冀地区	★★★★★	★★★★★	★★★	●●●●
长三角地区	★★★★★	★★★★	★★★★★	●●●●●
珠三角地区	★★★★	★★★★	★★	●●●
东北地区	★	★★★	★★★★	●●●
中部地区	★★	★★	★★★	●●
西部地区	★★	★★	★★★★	●●
全国平均水平	●●●			

评级指标说明：

从业人员数量占比：★/★★/★★★/★★★★/★★★★★分别表示该集聚区机器人产业从业人员数量占全国机器人产业总从业人员数量的1%—<5%、5%—<10%、10%—<15%、15%—<25%、25%及以上

技术研发人员数量占比：★/★★/★★★/★★★★/★★★★★分别表示该集聚区机器人产业技术研发人员数量占全国机器人产业总技术研发人员数量的1%—<5%、5%—<10%、10%—<15%、15%—<25%、25%及以上。

人才培养能力：★表示该集聚区开设机器人专业的高校数量为0—9所；★★表示该集聚区开设机器人专业的高校数量为10—13所；★★★表示该集聚区开设机器人专业的高校数量为14—17所；★★★★表示该集聚区开设机器人专业的高校数量为18—21所；★★★★★表示该集聚区开设机器人专业的高校数量为22—25所

人力资源集聚情况综合评价：人力资源集聚情况评价结果最终取决于对“从业人员数量占比”、“技术研发人员数量占比”和“人才培养能力”三大指标的综合考察，可选取三个指标评价结果的均值。●表示该集聚区人力资源集聚情况差；●●表示该集聚区人力资源集聚情况较差；●●●表示该集聚区人力资源集聚情况一般；●●●●表示该集聚区人力资源集聚情况较好；●●●●●表示该集聚区人力资源集聚情况好

由上述评价表可以看出，京津冀、长三角地区的综合人力资源集聚能力较强。京津冀地区的人才培养能力在全国来看处于中等偏上水平。当地政府对人才引进的重视、企业高额的薪酬、良好的工作环境以及更大的发展平台等吸引了一大批外来就业人员和高端技术人才，大量的从业人员和高质量的技术人才推动了京津冀机器人产业的发展。长三角地区的人力资源集聚能力居于六大集聚区之首，该集聚区对机器人产业发展非常重视，开设机器人专业高校数量最多，每年培育出大量的机器人专业人才，在达到供需平衡的同时，还为我国其他省市输出了大量优质的机器人专业人才。

珠三角地区和东北地区机器人产业的综合人力资源集聚能力处于全国中等水平。珠三角地区的人才培养能力相对较弱，但通过出台一系列的人才优惠政策、各种人才专项计划等招揽了一大批外来就业者和高端人才。东北地区机器人产业人才培养能力较强，多个高校开设机器人专业，但因经济发展不景气、生活水平低、环境污染严重以及软硬环境不理想等原因，从业人员很少，当地人才流失较为严重。

中部地区以及西部地区的机器人产业综合人力资源集聚能力较差。中部地区机器人产业相对落后，政府在人才集聚方面的支持政策同京津冀、长三角等地区还有一定的差距，从事机器

人产业的人员数量很少，现有高端技术人才也较少。西部地区机器人产业的从业人员、高端技术人才较少，人才培养能力也不理想，随着西部地区大力推进机器人产业的发展，机器人产业人力资源或将呈现供不应求的局面。

(2)重庆在西部地区的人才资源水平分析

在对机器人六大集聚区的人力资源集聚能力进行综合评判后，为进一步分析重庆市在西部地区的人才资源水平，以三大指标为基础，对陕西、重庆以及四川地区进行对比分析，分析过程及思路与六大集聚区综合人力资源集聚能力分析相似。

首先，进行西部机器人产业主要集聚区的从业人员数量对比分析，结果如图3-8所示，四川机器人产业从业人数最多，占三地机器人产业总从业人数的44.14%；重庆位居第二，占41.16%；陕西机器人产业从业人数相对较少，占14.70%。

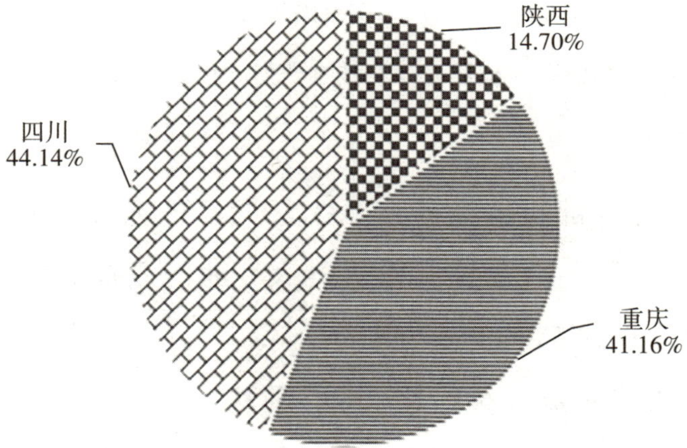

图3-8　西部地区机器人产业主要集聚区从业人员数量占比

注：因西部其他省市机器人产业从业人员数量较少，故只统计了三大集聚区的数据

其次，摸清西部地区机器人产业主要集聚区相关技术研发人员分布情况。结果如图3-9所示，四川机器人产业技术研发人员总量在三地占比最高，为45.86%；重庆居中，占比为33.99%；陕西靠后，占比为20.15%。

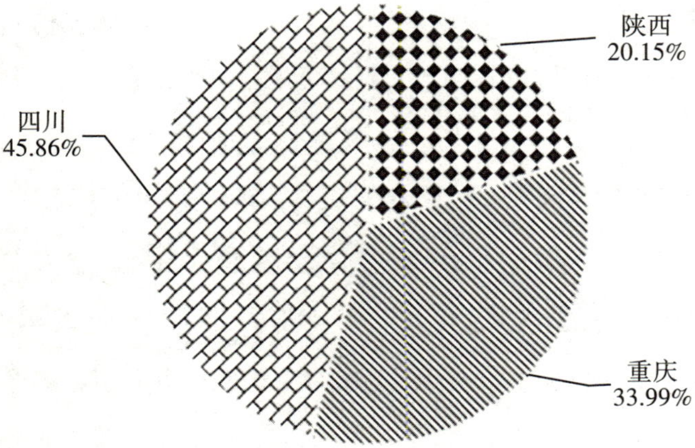

图3-9　西部地区机器人产业主要集聚区技术研发人员数量占比

注：因西部其他省市机器人产业技术研发人员数量较少，故只统计了三大集聚区的数据

最后，对西部机器人产业三大集聚区的人才培养能力进行对比分析。经调查，重庆开设机器人专业的高校数量为8所，四川与陕西分别为5所。

通过从业人员数量占比、技术研发人员数量占比以及人才培养能力三大指标，项目组对西部机器人产业三大集聚区人力资源集聚情况进行了仔细分析，结果如表3-10所示。

表3-10　西部地区机器人产业三大集聚区人力资源集聚情况综合评价表

西部地区机器人产业三大集聚区	相关指标			人力资源集聚情况综合评价
	从业人员数量占比	技术研发人员数量占比	人才培养能力	
陕西	★	★	★★★	●●
重庆	★★	★★	★★★★	●●●
四川	★★★	★★★	★★★	●●●●

评级指标说明：

从业人员数量占比：指该集聚区机器人产业从业人员数量占西部机器人产业总从业人员数量的比例，按照三个地区从业人员数量占比由高到低的顺序给出星级，机器人产业从业人员数量占比排第一的给★★★，排第二的给★★，排第三的给★

技术研发人员数量占比：指该集聚区机器人产业技术研发人员数量占西部机器人产业总技术研发人员数量的比例，按照三个地区技术研发人员数量占比由高到低的顺序给出星级，机器人产业技术研发人员数量占比排第一的给★★★，排第二的给★★，排第三的给★

人才培养能力：★表示该地区开设机器人专业的高校数量为1—2所，★★表示该地区开设机器人专业的高校数量为3—4所，★★★表示该地区开设机器人专业的高校数量为5—6所，★★★★表示该地区开设机器人专业的高校数量为7—8所，★★★★★表示该地区开设机器人专业的高校数量为9—10所

人力资源集聚情况综合评价：●表示该地区在西部人力资源集聚情况差，●●表示该地区在西部人力资源集聚情况较差，●●●表示该地区在西部人力资源集聚情况一般，●●●●表示该地区在西部人力资源集聚情况较好，●●●●●表示该地区在西部人力资源集聚情况好

由上表可知，三个地区人力资源集聚情况最好的是四川，其次是重庆，最后是陕西。相对其他两个地区，重庆只在人才培养能力方面稍微有点优势，但优势并不明显，而在从业人员数量占比和技术研发人员数量占比方面略微低于四川。

综上所述，重庆的人力资源集聚能力低于四川，同时西部地区相对于其他集聚区（如京津冀、长三角）仍有很大的差距。目前，重庆市已着力打造西部机器人产业高地、推动机器人产业的发展，因此引进和培养大量的机器人高端人才已经迫在眉睫。

（3）重庆机器人人才资源集聚在全国的水平

从机器人人才资源集聚水平上看，在西部四川、重庆、陕西三个主要机器人产业区中，四川最好，重庆其次，陕西最后。但西部地区人才资源集聚水平，在全国六大机器人产业集聚区中处于下游水平，虽然从业人员数量占比、人才培养能力略高于个别集聚区，但技术研发人员数量占比处于落后状态。因此，重庆机器人人才资源集聚水平仍旧较低。

3.3 重庆机器人产业发展综合水平分析

结合前文产业链结构、产业规模、研发能力和人才资源四个方面对我国机器人六大产业集聚区综合发展水平的分析，绘出我国六大机器人产业集聚区综合评价雷达图，如图3-10所示。

总体来看，长三角地区机器人产业发展水平最高；其次是京津冀地区；发展最差的是西部地区。

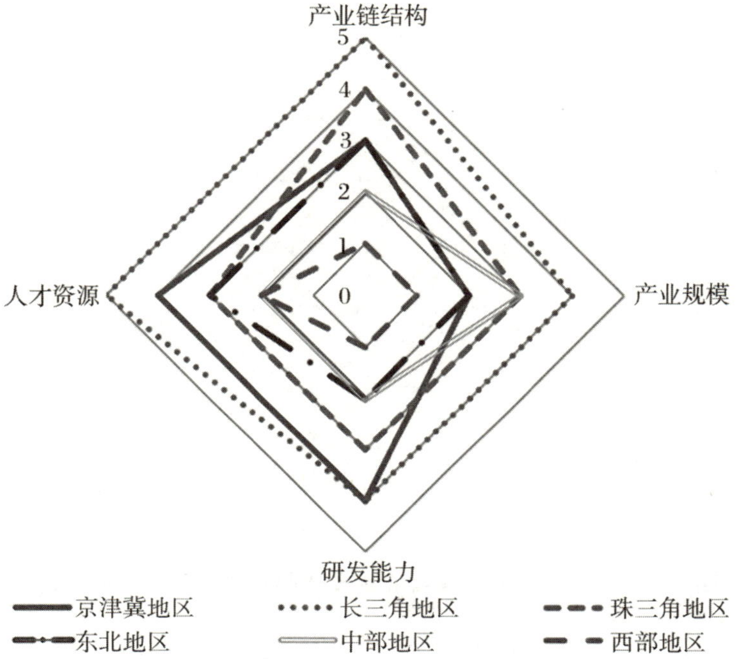

图3-10　我国六大机器人产业集聚区综合评价雷达图

为了更加清晰直观地分析重庆机器人产业在西部地区以及全国范围的发展状况，根据前文对我国机器人产业发展平均水平的评估，以及对西部地区的重庆、四川、陕西主要省市在产业链结构、产业规模、研发能力和人才资源四个维度的分析，绘出如图3-11和3-12所示的雷达图。总体而言，重庆机器人产业在西部地区具有一定的优势，但在全国范围看还处于中等偏下水平。

一是从产业链结构水平上看，重庆机器人产业链结构在西部地区处于中间水平，低于全国平均水平。

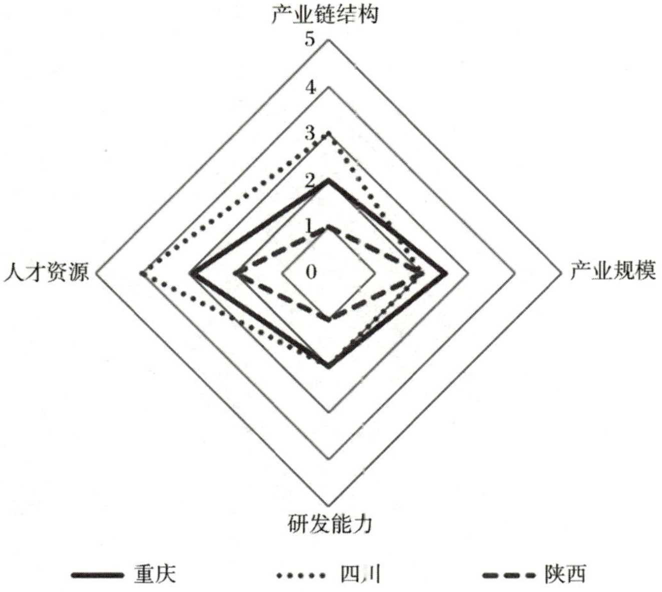

图3-11　重庆、四川及陕西机器人产业发展水平比较分析雷达图

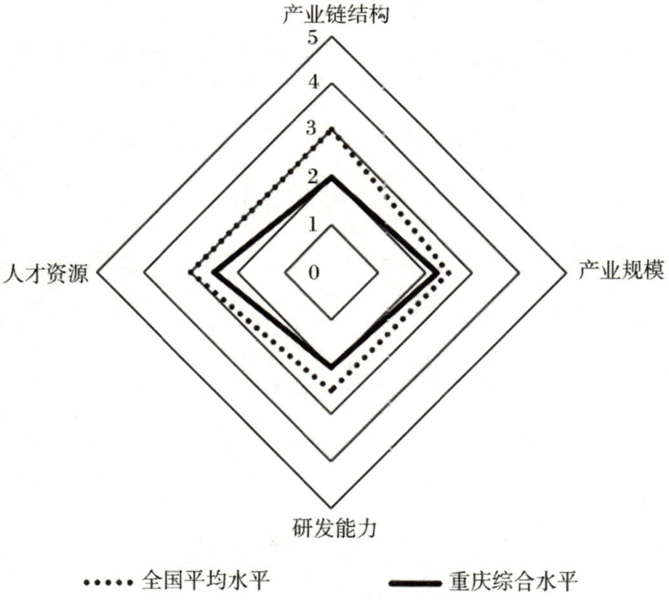

图3-12　全国及重庆机器人产业集聚区发展水平综合评价雷达图

重庆机器人产业链平均核心零部件本土化率在西部地区处于中上水平，本体研发能力以及高端产品收入占比与四川有一定的差距，重庆本地发展机器人产业的基础不足，在产业链结构上存在较大问题。

二是从产业规模上看，重庆机器人的产业规模在西部地区处于较好状况，略低于全国平均水平。

西部地区机器人产业总产值约在350亿元，重庆机器人产业总产值约为120亿元，重庆约占西部地区机器人总产值的34%，整个西部地区大中型企业数量有234家，其中重庆有80家企业，约占西部地区机器人规模企业的34%，在规模上，重庆在西部地区处于中上等水平。

三是从研发能力上看，重庆机器人产品研发能力在西部地区处于中等水平，低于全国平均水平。

整个西部地区创新能力均较弱，虽然重庆和成都综合创新能力在西部都处于较高的水平，但是从全国来看，重庆地区机器人高新技术企业总数较少，从事机器人研发的高校与研发中心数量不足而且机器人产业平均研发投入不高。因此，重庆在机器人产业发展创新能力上仍然存在很大不足，整体创新能力处于中下等水平，需要进一步提高。

四是从人才资源方面看，重庆机器人产业人才资源在西部地区处于中等水平，低于全国平均水平。

随着机器人产业规模的不断扩大，近年来重庆市机器人产业从业人员的数量大幅增长，但不可忽略的是从业人员的供给数量仍不足，且具有本科以上学历的专业人才数量相对较少，重庆机器人产业发展的人才需求缺口仍较大，不利于先进技术的研发与创新。人才培养潜力与一些地区相比也有较大差距，这也是当前制约重庆机器人产业发展的一个重要瓶颈。

第4章
重庆机器人产业的主要问题

DI 4 ZHANG CHONGQING JIQIREN CHANYE DE ZHUYAO WENTI

第4章 重庆机器人产业的主要问题

4.1 重庆机器人产业链结构分析

4.1.1 机器人产业结构

机器人产业链主要分为工业机器人产业链和服务机器人产业链，工业机器人和服务机器人的产业链结构大体相同，主要包括上游核心零部件、中游机器人本体、下游机器人集成应用。工业机器人与服务机器人产业链各环节构成如图4-1所示。

4.1.2 重庆工业机器人产业链分析

在工业机器人领域，重庆目前已初步形成了集整体研发、整机制造、系统集成、零部件配套生产、机器人应用服务于一体的工业机器人全产业链框架。为进一步从产业链结构的角度理清重庆工业机器人产业发展状况，项目组针对产业链各个重点环节，收集整理了相关规模企业的年销售额、员工数量、研究生学历员工数量以及专利数等相关数据，详情如表4-1所示。

图4-1　机器人产业链结构图

表4-1　重庆工业机器人产业链现状分析表

产业链		年销售额/万元	员工数量/人	研究生学历员工数量/人	专利数/件
核心零部件	精密减速器	4890	3162	633	9
	伺服系统	4790	3060	612	19
	控制器	3200	1870	374	8
	传感器	8600	2000	400	41
本体	直角坐标型机器人	11510	4100	822	84
	SCARA型机器人	10900	3570	714	73
	关节型机器人	3100	782	157	36
	并联型机器人	4400	1224	245	25
集成应用	焊接机器人	6100	2210	442	45
	喷涂机器人	5700	2040	408	41
	搬运机器人	3500	910	184	18
	装配机器人	7200	2600	517	52
	切割机器人	4200	1150	231	19
	打磨机器人	6100	2100	428	44
	码垛机器人	4300	1400	278	18
	上下料机器人	3200	816	163	16
	激光加工机器人	1100	748	150	15

资料来源：问卷调查、企业官网数据收集整理

重庆市工业机器人产业链结构虽然是完整的，在各个环节上都存在一定数量的企业，但是仍然存在相对比较薄弱的环节。重庆市工业机器人相关大中型企业主要集中在产业链中下游，上游企业数量较少，核心技术大多靠引进。具体而言，中游机器人本体环节技术相对成熟，下游集成应用板块情况也相对较好，

可以基本满足市场需求，但上游机器人核心零部件环节还需要加强。

为了进一步得出工业机器人产业链各环节的短板，项目组选取年销售额、研发水平两个指标对产业链上各环节进行综合评价，得到重庆市工业机器人产业链各环节综合评价表（表4-2）。

表4-2　重庆市工业机器人产业链评价表

工业机器人产业链		相关指标		综合实力
		年销售额	研发水平	
核心零部件	精密减速器	●●●	●	●●
	伺服系统	●●●	●●	●●
	控制器	●●	●	●
	传感器	●●●●●	●●●●●	●●●●●
本体	直角坐标型机器人	●●●●●	●●●●●	●●●●●
	SCARA型机器人	●●●●●	●●●●●	●●●●●
	关节型机器人	●●	●●●●	●●●
	并联型机器人	●●●	●●●	●●●
集成应用	焊接机器人	●●●●●	●●●●●	●●●●●
	喷涂机器人	●●●●	●●●●●	●●●●
	搬运机器人	●●	●●	●●
	装配机器人	●●●●●	●●●●●	●●●●●
	切割机器人	●●●	●●	●●
	打磨机器人	●●●●●	●●●●●	●●●●●
	码垛机器人	●●●	●●	●●
	上下料机器人	●●	●●	●●
	激光加工机器人	●	●●	●

评级指标说明：

年销售额：●表示年销售额在3000万元以内，●●表示年销售额在3000万—<4000万元，●●●表示年销售额在4000万—<5000万元，●●●●表示年销售额在5000万—<6000万元，●●●●●表示年销售额在6000万元及以上

研发水平：●表示自主研发专利数在10件以下，●●表示专利数在10—<20件，●●●表示专利数在20—<30件，●●●●表示专利数在30—<40件，●●●●●表示专利数在40件及以上

资料来源：问卷调查、企业官网数据收集整理

从年销售额、研发水平两方面对工业机器人产业链各环节进行综合评价，得到上表中的各环节综合实力星级情况，“●●●●”及以上表示该环节在产业链上具有较好的综合实力，“●●●”表示该环节在产业链上综合实力一般，“●●”及以下表示该环节在产业链上综合实力欠佳，进而将“●●”及以下对应的环节确定为产业链短板。从综合实力评价结果可以看出重庆工业机器人具有完整的产业链结构，但是各环节的发展程度参差不齐。具体而言，在核心零部件上，精密减速器、伺服系统、控制器综合实力为“●●”等级，为产业链结构短板；在机器人集成应用板块上，搬运、切割、码垛、上下料、激光加工等领域的机器人的综合实力在“●●”及以下等级，为产业链结构短板（工业机器人本体数据不够充分，故未做短板讨论）。重庆工业机器人产业链短板如图4-2所示，图中标注“●”的表示重庆工业机器人产业链中存在的发展短板。

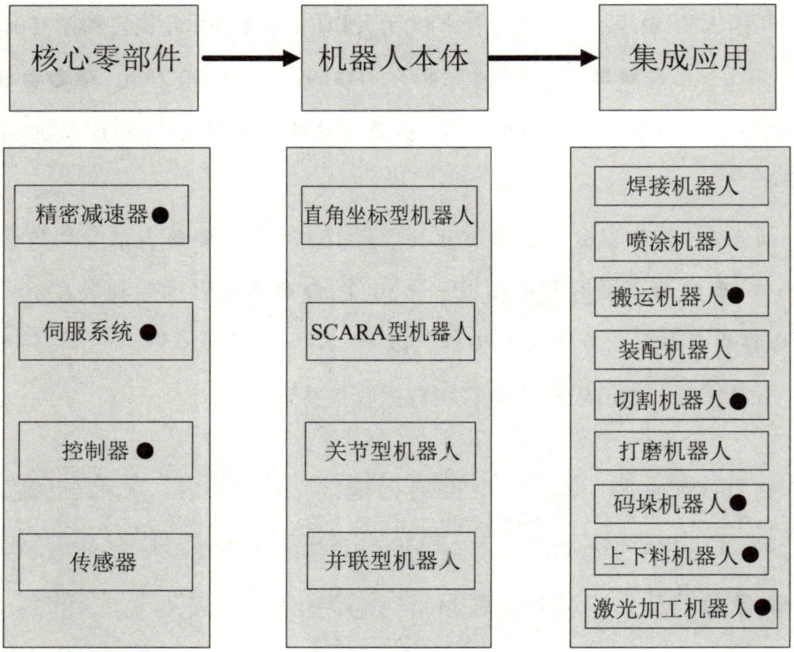

图4-2　重庆工业机器人产业链短板示意图

4.1.3 重庆服务机器人产业链分析

为进一步从产业链结构的角度理清重庆服务机器人产业发展状况，项目组针对服务机器人产业链各个重点环节，收集整理了相关大中型规模企业的年销售额、员工数量、研究生学历员工数量以及专利数等相关数据，对重庆市服务机器人的产业链现状进行分析，具体情况如表4-3所示。

表4-3 服务机器人产业链现状分析表

产业链		年销售额/万元	员工数量/人	研究生学历员工数量/人	专利数/件
核心零部件	伺服系统	122	495	67	5
	精密减速器	100	246	104	4
	控制器	120	470	89	5
	传感器	167	339	99	15
本体	人工智能	21	177	19	1
	云系统	139	297	107	14
	操作系统	158	307	46	5
	应用程序	196	500	104	10
	硬件开发	208	745	129	12
集成应用	家用机器人	111	325	72	11
	酒店机器人	29	105	35	3
	公共服务机器人	107	310	57	10
	教育机器人	24	187	24	2
	医疗机器人	64	230	61	11

服务机器人产业链各环节企业数量较少，大中型企业更少，服务机器人产业链在各个板块都相对薄弱，服务机器人尚未形成产业集群，产业链结构尚不健全。

为了进一步得出服务机器人产业链各环节的短板，项目组选取年销售额、研发水平两个指标对产业链上各环节进展综合评价，得重庆市服务机器人产业链各环节综合评价表4-4。

表4-4　服务机器人产业链情况评价表

服务机器人产业链		相关指标		综合实力
		年销售额	研发水平	
核心零部件	伺服系统	●●	●	●
	精密减速器	●●	●	●
	控制器	●●	●	●
	传感器	●●	●●●	●●
本体	人工智能	●	●	●
	云系统	●●	●●●	●●
	操作系统	●●	●	●
	应用程序	●●	●●	●●
	硬件开发	●●●	●●●	●●●
集成应用	家用机器人	●●	●●●	●●
	酒店机器人	●	●	●
	公共服务机器人	●●	●●	●●
	教育机器人	●	●	●
	医疗机器人	●	●●●	●●

评级指标说明：

年销售额：●表示年销售额在100万元以内，●●表示100万—200万元，●●●表示200万元以上

研发水平：●表示自主研发专利数在5件及以下，●●表示专利数在5(不含)至10件，●●●表示专利数在10件以上

资料来源：问卷调查、企业官网数据收集整理

从年销售额、研发水平两方面对服务机器人产业链各环节进行综合评价，得到上表中的各环节综合实力星级情况，“●●●”表示该环节在产业链上具有较好的综合实力，“●●”表示该环节在产业链上综合实力一般，“●”表示该环节在产业链上综合实力欠佳，进而将“●”等级对应的环节确定为产业链短板。

从综合实力评价结果可以看出，重庆服务机器人不具备完整的产业链结构，各个环节的发展程度欠佳。具体而言，在核心零部件上，精密减速器、伺服系统、控制器综合实力在“●”等级，为产业链结构短板；在机器人本体板块上，人工智能实力在“●”等级，为产业链结构短板；在集成应用领域（主要是行业）上，酒店机器人和教育机器人的综合实力在“●”等级，为产业链结构短板。重庆服务机器人产业链短板如图4-3所示，图中标注“●”的表示重庆服务机器人产业链中存在的发展短板。

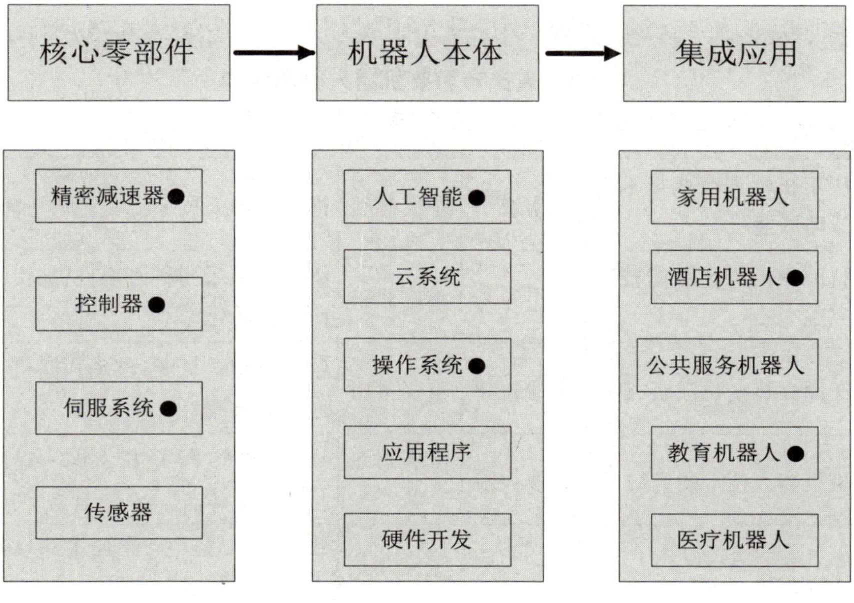

图4-3　重庆服务机器人产业链短板示意图

4.2 重庆机器人技术研发能力分析

由前文重庆机器人产业发展的比较分析可知，当前重庆机器人产业的技术研发能力在全国范围内处于中下等水平。项目组通过问卷调查和资料的收集，对重庆机器人产业技术研发能力不足的具体表现进行了总结和梳理，其主要问题表现在机器人产业的研发平台质量不高、科研项目总量不够、产学研协作创新力度不够和专利成果数量不多质量不高四个方面。

4.2.1 研发平台质量不高

研发平台是集众多科研设备于一体的技术研发与创新的场所，主要包含研究院、技术研究中心、技术创新联盟以及高等院校等。从2011年开始，重庆相继成立了中科院重庆绿色智能技术研究院、两江人工智能学院等机器人研发机构，详情如表4-5所示。

表4-5　重庆市重要机器人研发机构

研发机构名称	级别	地点	主要功能
重庆市机器人产业技术创新战略联盟	市级	重庆北碚	推进机器人技术研发资源共享
中科院重庆绿色智能技术研究院	市级	重庆北碚	组织实施系列科研项目，加快科研成果转化
重庆固高科技长江研究院	企业自建	重庆永川	致力于整合资源，推动西南机器人市场发展
鲁班机器人技术研究院	企业自建	重庆两江新区	致力于“产学研用”协同一体化及整合资源
重庆高创机器人研究院	企业自建	重庆九龙坡	致力于机器人产业关键共性技术研究、集成应用、产品研发、技能人才培训

续表

研发机构名称	级别	地点	主要功能
重庆市机器人及智能制造技术创新战略联盟	市级	重庆北碚	打造“产学研用”一体化的技术创新体系，提升重庆机器人产业核心竞争力
两江人工智能学院	区级	重庆两江新区	聚集相关产业，汇聚办学资源，促进人才培养
国家机器人检测与评定中心(重庆)	国家级	重庆两江新区	立足于机器人产品及部件的检测、认证和校准
发那科机器人重庆技术中心	企业自建	重庆两江新区	利用机器人、智能机械、物联网、人工智能等优势技术资源，辐射带动西部地区智能制造产业发展和升级

资料来源：根据重庆市机器人产业相关信息整理

分析表4-5可知，上述重庆9所机器人研发机构中有4所位于两江新区，这表明两江新区在机器人研发上已初步形成集聚效应。在9所机器人研发机构中，国家级的仅有1所，市级3所，其他5所(图4-4)，这表明重庆机器人产业研发的整体实力不高。

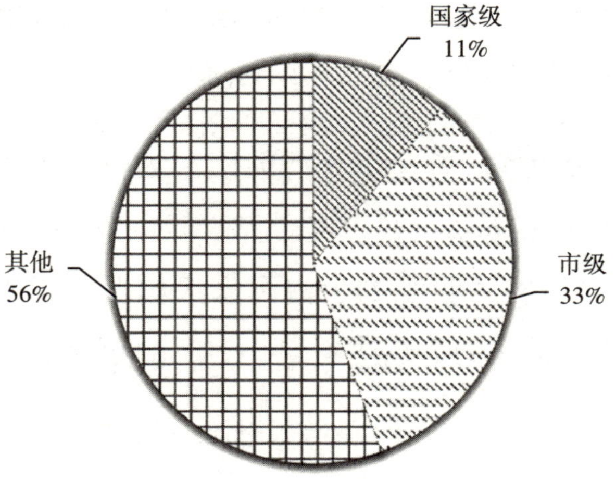

图4-4　重庆市机器人研发机构级别划分图

4.2.2 科研项目总量不够

一个地区承担的国家级科研项目的数量是衡量一个地区产业技术发展程度的重要指标之一。项目组收集了重庆市2011—2018年成功申请的国家级机器人相关科研项目资料,进一步对立项数量进行统计,结果如图4-5所示。

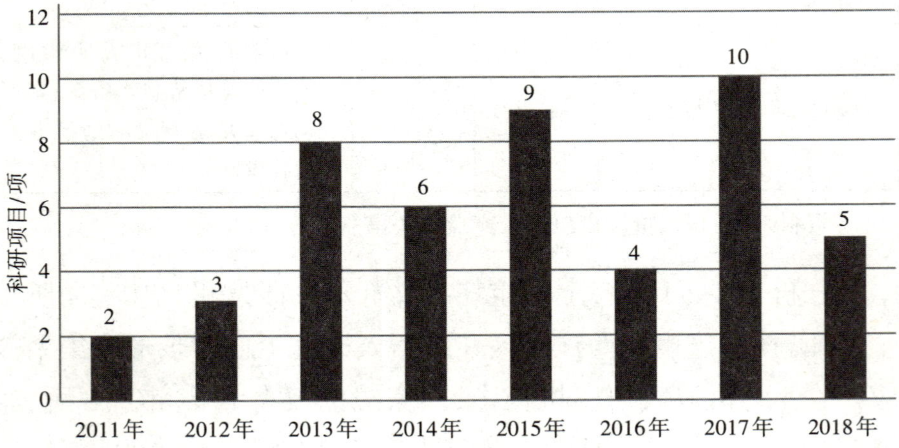

图4-5　重庆市2011—2018年获立项的国家级机器人相关科研项目数量统计图

资料来源:工业和信息化部历年项目公示数据统计

由图4-5可知,重庆市获得的国家级机器人相关科研项目每年平均维持在6项左右。进一步收集整理2011—2018年全国及机器人科研实力较强的上海国家级机器人相关科研立项数等数据,并与重庆的数据进行对比,绘出柱状对比图,结果如图4-6所示。

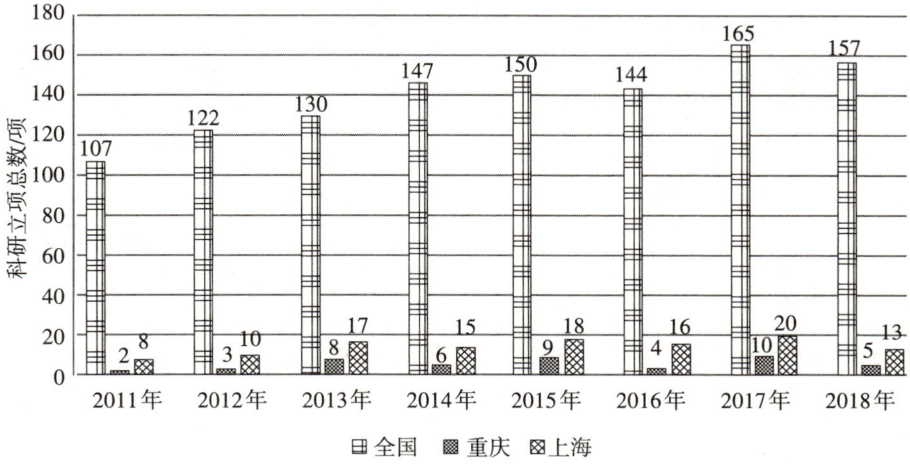

图4-6　全国国家级机器人科研立项总数以及重庆、上海获得数量对比图

资料来源：工业和信息化部历年项目公示数据统计

由图4-6可知，重庆市历年承担的国家级机器人相关科研项目较少，只占全国立项总数的4%左右。与上海获得的国家级机器人相关科研项目的数量对比发现，上海历年获得立项的数量是重庆市的两倍以上。

4.2.3 产学研协作创新力度不够

产学研协作是推动产业技术发展的重要动力之一。项目组收集整理了重庆市高等院校与机器人产业相关企业之间的合作关系，如表4-6所示。

表4-6 重庆市机器人产业校企合作信息统计表

层次	学校名称	是否存在校企合作	校企合作对象
本科	重庆大学	是	宗申动力、固高科技
	重庆邮电大学	是	罗博泰尔
	重庆交通大学	是	重庆市精密智能制造装备孵化园、发那科
	重庆科技学院	是	新松、广数
	重庆文理学院	是	固高科技
	重庆理工大学	否	
	重庆三峡学院	否	
	长江师范学院	否	
高职高专	重庆城市职业学院	是	科大讯飞
	重庆科创职业学院	是	固高科技、德昌
	重庆工业职业技术学院	是	长安徕斯
	重庆工程职业技术学院	是	茂田机械
	重庆机电职业技术学院	否	
	重庆电子工程职业学院	否	
	重庆工商职业学院	否	
	重庆电信职业学院	否	
	重庆工贸职业技术学院	否	
	重庆机电工程技工学校	否	

资料来源：1.根据重庆市开设机器人及相关专业高校数据整理，截至2018年

2.统计时重庆机电职业技术学院未改名重庆机电职业技术大学（2019年改名）

由表4-6分析可知，当前开设机器人及智能制造专业的重庆市内高校有18所，其中本科层次的院校有8所，高职高专层次的院校有10所。上述本科院校已与机器人企业开展产学研协作创新的有5所，高职高专院校已与机器人企业开展产学研协作创新的有4所，根据统计结果，我们可绘出与机器人企业开展产学研协作创新的各类高校数量比例图（图4-7）。

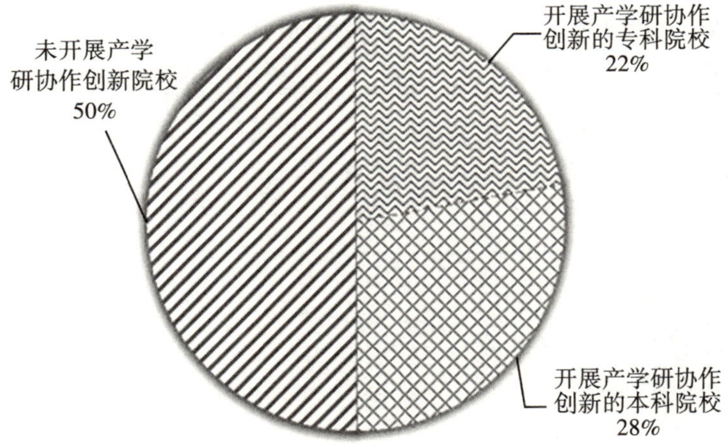

图4-7　与机器人企业开展产学研协作创新的各类高校数量比例图

虽然统计显示已有50%的高校与机器人企业开展了产学研协作创新，但相比上海"近90%"的占比数据，重庆机器人产业协作创新的力度还不够。即使开展了产学研协作创新的高校，一些也仅与一所企业进行了合作，而产学研协作创新开展较好的哈尔滨工业大学，与沈阳新松机器人自动化股份有限公司、哈尔滨博实公司等多家企业展开了合作，并成立了哈工大机器人集团股份有限公司来推进产学研深度协作。重庆已开设机器人相关专业的大专院校，在与企业开展协作创新的广度和深度上都大有文章可做。

4.2.4 专利成果数量不多质量不高

专利成果是衡量一个产业成果产出水平的重要参考依据之一。项目组通过国家知识产权局的专利查询系统，对机器人相关专利数据进行了收集整理。

首先，从机器人相关专利申请的数量上看，截至2018年全国共申请机器人相关专利超过15万项，其中广东申请数量最多，达到了21754项，项目组对部分省份机器人相关专利数量进行了对比，如图4-8所示。通过对比发现，重庆申请的机器人相关专利数量较少，仅有2179项，不但远低于广东、江苏、上海等东部发达省份，也低于区域竞争对手四川。

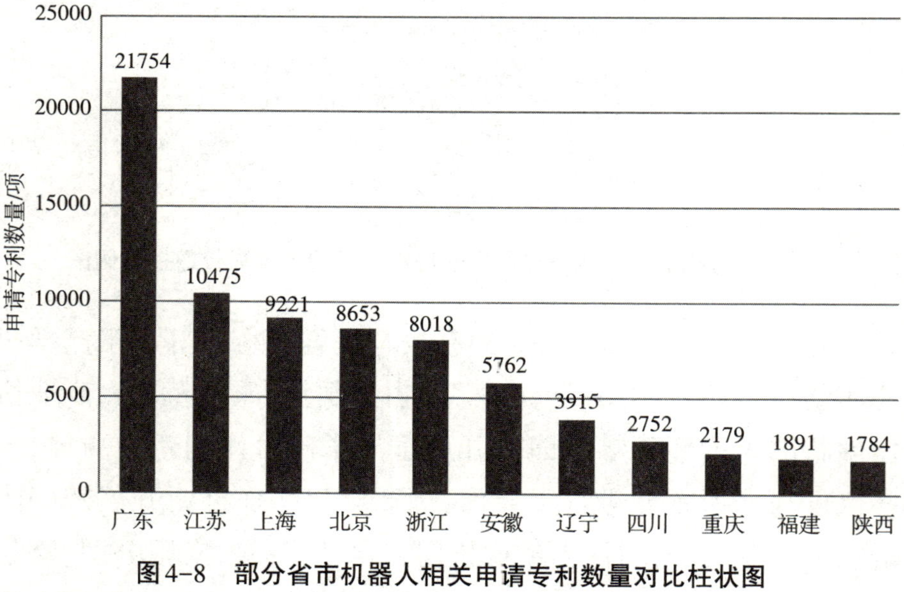

图4-8　部分省市机器人相关申请专利数量对比柱状图

数据来源：国家知识产权局(2018年)

其次，从申请专利的质量上看，截至2018年重庆申请的2179项机器人相关专利中，发明专利为1247项，实用新型专利的数量为875项，外观设计为57项。三类专利的占比关系如图4-9所示。从三类专利的占比关系上看，虽然含金量较高的发明专利占比，重庆已经超过一半，达到了约57%，但是全国的机器人相关发明专利占比已经达到了约63%，重庆落后全国平均水平近6个百分点，因此从申请专利的质量上看，重庆的整体水平低于全国平均水平。

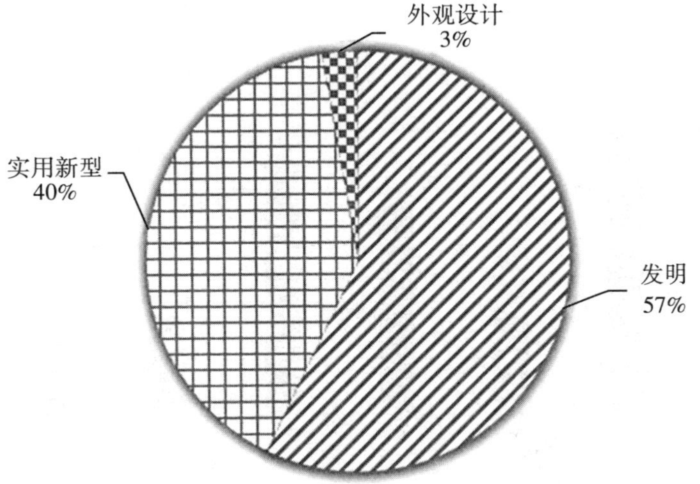

图4-9　重庆市申请的三类机器人相关专利数量占比关系图

数据来源：国家知识产权局，截至2018年

4.3 重庆机器人产业人才资源分析

4.3.1 从业人员数量不足

尽管重庆市机器人产业的从业人员从2011年的0.6万人上升到2018年的5.6万人，但其从业人员数量仅占全国从业人员

总数的2%左右。调研显示,90%的机器人生产企业都存在用工困难问题,重庆机器人产业从业人员缺口总数在5万人左右。进一步细分,生产线操作与维护的人员缺口占总缺口的25.31%;本体及核心零部件研发、产品安装与调试、机器人维修的用工缺口分别占总缺口的15.67%、19.81%、22.31%;系统方案设计、售后服务及其他用工缺口分别占总缺口的8.70%、4.30%、3.90%,如图4-10所示。

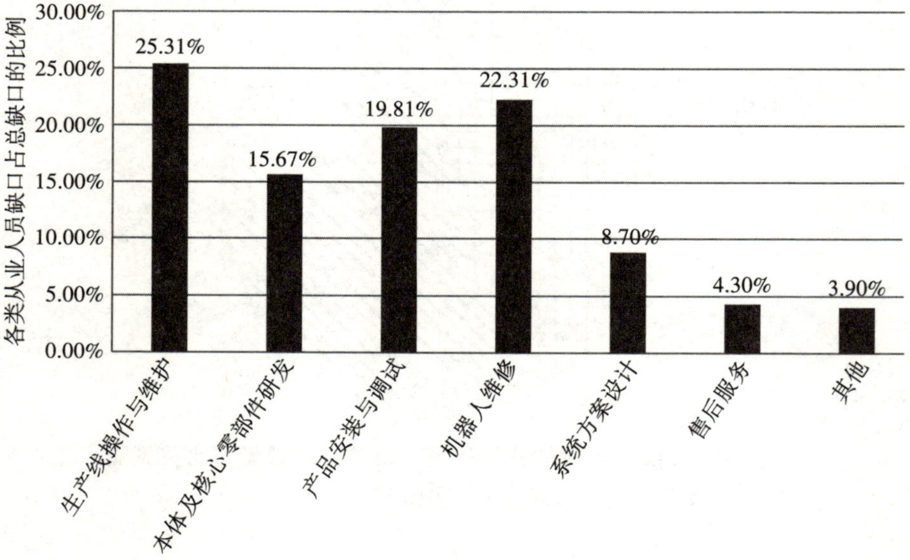

图4-10　重庆机器人产业各类从业人员缺口占总缺口的比例

4.3.2 技能人才结构性失衡

国外发达国家机器人产业技能人才结构大多为:高级技能人才占总数的35%左右,中级技能人才占50%左右,初级技能人才占15%左右。本次调查发现,重庆市机器人产业技能人才结构为：初级技能人才占总数的30.25%，中级技能人才占56.48%，高级技能人才占13.27%，如图4-11所示。

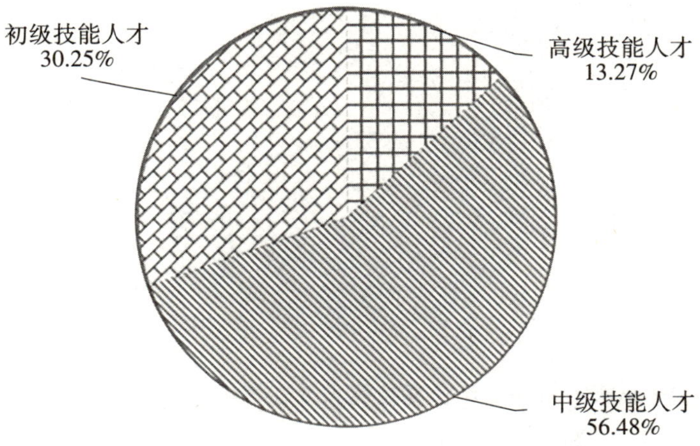

图4-11　重庆市机器人产业各类技能人才结构图

资料来源:文献《重庆工业发展人才需求与高校人才供给研究》、《重庆市重点产业技能人才队伍建设存在的问题及对策研究》以及问卷调查

由图4-11可知，重庆机器人产业技能型人才结构失衡的主要表现为，初级技能人才比例偏高，高级技能人才比例偏低。这种人才结构直接限制了整个行业的技术升级和高质量发展，不利于重庆机器人产业形成核心竞争力。

4.3.3 人才资源分布差异较大

项目组对机器人产业高技能人才在国有企业、合资企业、民营企业、外资企业、其他企业的分布进行了调查，绘出了重庆市机器人产业高技能人才在各类企业的分布情况图（图4-12）。

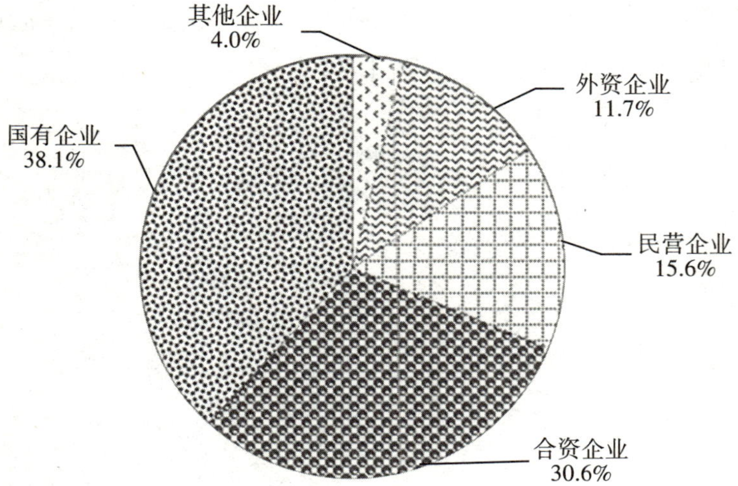

图4-12 重庆市机器人产业高技能人才在各类企业的分布情况统计图

资料来源:问卷调查

如图4-12所示,重庆市的机器人产业人才主要分布在合资企业及国有企业当中,分别占30.6%和38.1%,明显高于民营企业、外资企业、其他企业,这也从侧面反映出非公有制机器人企业高技能人才的匮乏,对高技能人才的吸引力度不够。这可能是由于公有制企业依托于国家支持,无论是企业规模、综合实力方面还是资金基础或者技术方面,相比非公有制企业都有一定优势,因此,对高技能人才的吸引力相对更大。此外,"求稳定"的传统思想,也使一些人更青睐公有制企业。机器人企业高技能人才的分布失调,降低了非公有制机器人企业的竞争力,阻碍了其长期发展,进而直接影响重庆市机器人产业的合理均衡发展。

第5章 重庆机器人产业链结构优化路径

DI 5 ZHANG CHONGQING JIQIREN CHANYELIAN JIEGOU YOUHUA LUJING

第5章　重庆机器人产业链结构优化路径

重庆市机器人产业链的各环节存在诸多的短板，而产业的发展与完善不可能一蹴而就，需要循序发展。外部市场需求、外部市场竞争以及内部发展基础是产业分析的三个基础维度。外部市场需求指产品在目标市场是否有需求，若无需求则不能发展该产品与产业；外部市场竞争指目标市场上的垄断性，垄断性越高，则进入该市场遇到的阻力越大；内部发展基础指内部是否具备发展该产业的基础。上述三个产业分析基础维度任意缺失一个，该产业就不能得到很好的发展。因此本章将从产业发展的外部市场需求、外部市场竞争以及内部发展基础三个方面对现有产业链各环节的各个短板进行分析，进而确定现阶段重点突破的机器人产业链短板，提出本地培育与招商企业目录，以推动产业链结构的优化完善。

5.1 重点突破的工业机器人产业链结构短板

目前重庆工业机器人产业结构短板主要在核心零部件、集成应用环节。本节分别采取外部市场需求、外部市场竞争和内部发展基础对短板进行逐一分析，并得出最终优先重点突破的工业机器人产业链短板。

5.1.1 重点突破的核心零部件短板

(1)外部市场需求

核心零部件是一个全球化的市场,因此重庆精密减速器、伺服系统、控制器的战略目标市场不能只定位于重庆,至少应面向全国市场。因此,项目组统计了我国2013年至2018年精密减速器、伺服系统、控制器的市场需求情况,见图5-1。

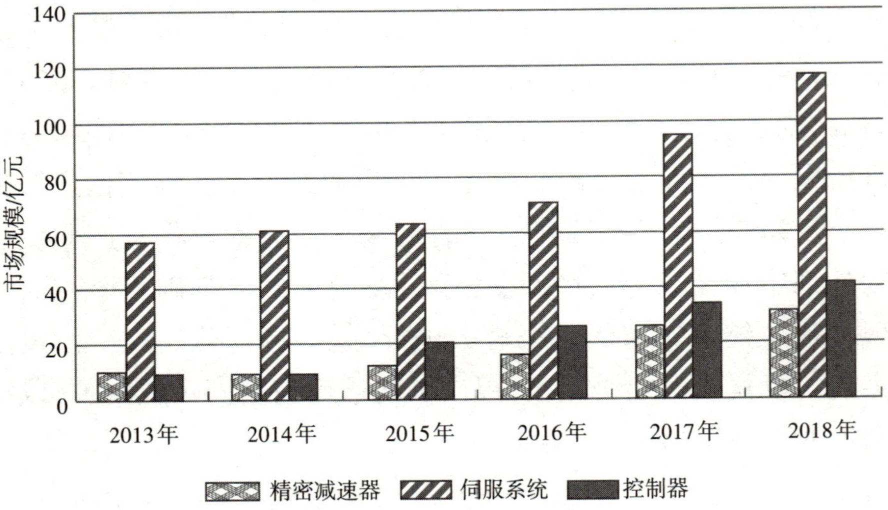

图5-1　我国精密减速器、伺服系统、控制器2013—2018年市场规模

由图5-1可知,当前我国精密减速器、伺服系统、控制器市场的需求量呈现稳步增长的局面。从2013年至2018年,精密减速器、伺服系统和控制器的市场规模的年均增长率分别是精密减速器年均增长率14.9%、伺服系统15.4%、控制器38%。显然控制器的增长速度最快,其次是精密减速器,最后是伺服系统。一般而言,当近五年的年均市场需求率超过10%,就可以认为该产品市场处于成长阶段，这一阶段是争取新顾客，扩大市场占有率的最佳时期。从国内市场需求来看，精密减速器、伺服系统、控制器的产品市场均处于成长阶段。单从市场需求看，重庆发展精密减速器、伺服系统、控制器均是可行的。

（2）外部市场竞争

①精密减速器

精密减速器是工业机器人最重要的零部件，是构成机器人的核心部分，其市场需求大且利润丰厚，这导致各国均致力于精密减速器发展。项目组对各国在精密减速器市场的占有情况进行了调查，绘出如下精密减速器主要生产国全球市场占比图（图5-2）。

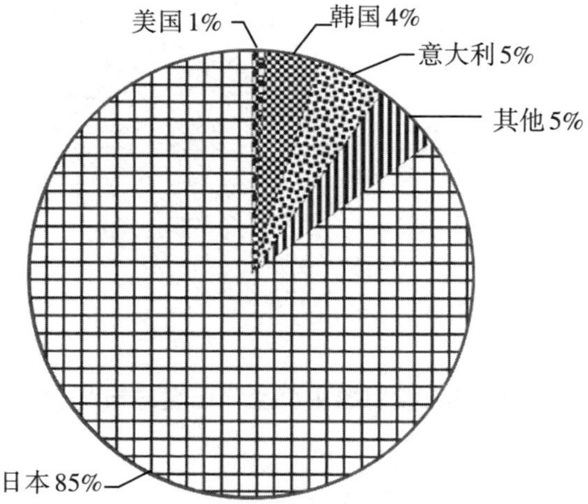

图5-2　精密减速器主要生产国全球市场占比图

由图5-2可知，虽然各国都致力于精密减速器的发展，但日本生产的精密减速器已经占据了全球市场的85%，而占据全球市场第二及第三位的意大利和韩国，分别只占据了5%和4%的份额。由此可以看出，精密减速器市场基本被日本占据，处于垄断的状态。因此，从外部市场竞争上看，精密减速器的市场垄断性很高，重庆发展精密减速器的可行性不高。

②控制器

机器人控制器作为工业机器人核心的零部件之一，对机器人的性能起着决定性的影响。项目组对各国在控制器全球市场的占有情况进行了调查，绘出如下控制器主要生产国全球市场占比图(图5-3)。

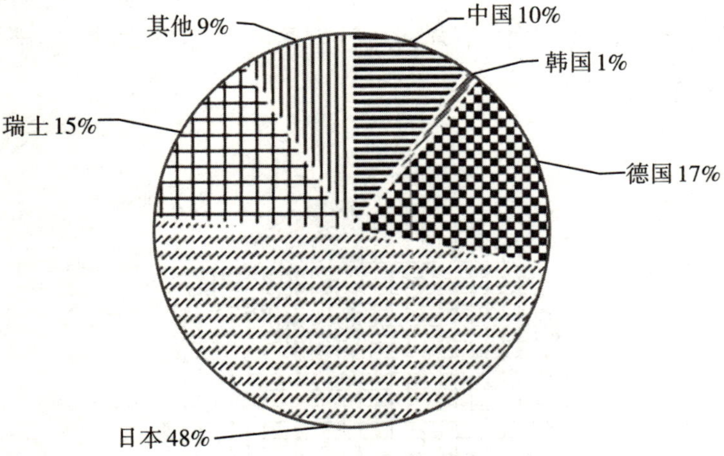

图5-3　控制器主要生产国全球市场占比图

由图5-3可知，控制器的主要生产国是日本，其生产的控制器占全球市场的48%，其次就是德国、瑞士和中国，分别占据了17%，15%以及10%的市场份额。由此可知，虽然近半的市场已经被日系控制器所占据，但还达不到完全垄断，德国、瑞士以及中国有一定的竞争力。因此，从外部市场竞争上看，控制器的市场垄断性不高，且我国占据了市场的10%，重庆发展控制器具有一定的可行性。

③伺服系统

伺服系统相当于机器人的中央处理器，项目组对各国在伺服系统全球市场的占有情况进行了调查，绘出如下伺服系统主要生产国全球市场占比图(图5-4)。

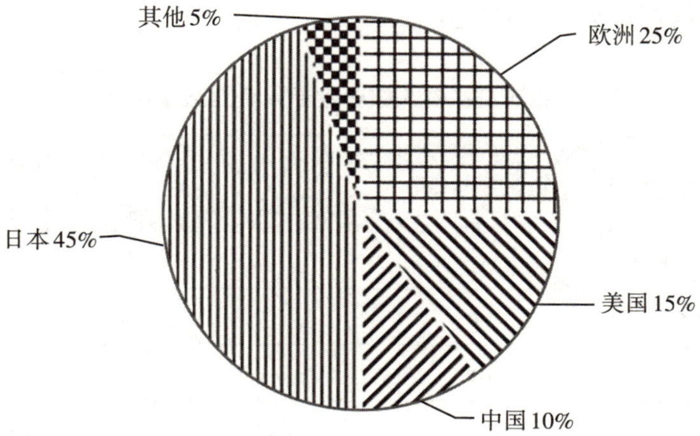

图5-4 伺服系统主要生产国全球市场占比图

由图5-4可知，伺服系统主要生产国是日本，其生产的伺服系统已经占据了45%的市场，其次是欧洲、美国和中国，分别占据了25%、15%以及10%的市场份额。由此可知，虽然近半的市场已被日系伺服系统所占据，但还达不到市场垄断，欧洲、美国和中国具有一定的竞争力。因此，从外部市场竞争上看，伺服系统的市场垄断性不高，且我国占据了市场的10%，重庆发展伺服系统具有一定的可行性。

(3)内部发展基础

重庆市机器人产业的发展离不开自身的基础实力，为了进一步确定重庆工业机器人产业链重点突破的短板，项目组收集整理了重庆市内从事核心零部件生产、制造的企业数量、技术水平和人才状况等资料，对重庆精密减速器、伺服系统、控制器三大短板的内部发展基础进行了分析。

①市内从事精密减速器、伺服系统、控制器的企业数量

首先统计分析了重庆精密减速器、伺服系统、控制器三大短板企业的数量，结果见表5-1。

表5-1　重庆市机器人核心零部件企业数量统计表

核心零部件短板	企业数量/家	大中型企业数量/家	小型企业数量/家
精密减速器	5	3	2
伺服系统	11	3	8
控制器	10	5	5
总计	**26**	**11**	**15**

如表5-1所示，当前重庆市生产精密减速器的企业有5家，生产伺服系统的企业有11家，生产控制器的企业有10家，共计26家。从企业数量上看，生产精密减速器的企业是最少的。从大中型企业数量上看，生产精密减速器和伺服系统的大中型企业都较少，均为3家。因此，综合考虑企业总体数量和大中型企业数量，重庆控制器发展基础最好，伺服系统次之，而精密减速器较差。

②市内从事精密减速器、伺服系统、控制器企业技术基础分析

根据市科委机器人产业优势技术统计结果，进一步比较分析重庆精密减速器、伺服系统、控制器企业核心技术来源，可知

精密减速器企业的自主研发技术占比为8%，伺服系统企业的自主研发技术占比为42%，控制器企业的自主研发技术占比为38%。可见，精密减速器的自主研发技术占比远低于伺服系统和控制器。

综上，当前重庆市工业机器人核心零部件的内部发展基础存在不同程度的差异。其中，精密减速器企业的数量少，且自主研发的核心技术占比小；生产伺服系统和控制器的企业数量相对较多，且自主研发的核心技术占比较大。尤其在柔顺控制技术、驱动技术领域，重庆机器人行业分别处于国内先进水平和国内领先水平。

在柔顺控制技术上，川崎(重庆)机器人工程有限公司和重庆卓来科技有限责任公司是核心单位，廖旭东和黄宇分别为领军人才，目前重庆应用该项技术生产的产品国内市场占有率较高(某产品一度全国销量排第三位)。

在驱动技术上，以吴迪为核心的重庆固高科技长江研究院有限公司已发展成为该项技术的核心单位，相关产品一度全国销量第一。

虽然重庆精密减速器、伺服系统、控制器生产体系整体上处于薄弱落后的状态，但从内部发展基础上看，伺服系统和控制器具有一定的发展基础，因此优先推动这两个板块的发展具有较大可行性。

(4)确定重点突破的核心零部件短板

将外部市场需求、外部市场竞争和内部发展基础三个维度的分析情况汇总，重庆精密减速器、伺服系统、控制器短板发展可行性分析结果见表5-2。

表5-2 重庆精密减速器、伺服系统、控制器短板发展可行性分析表

核心零部件短板	外部市场需求	外部市场竞争	内部发展基础	结论
精密减速器	需求潜力大 建议进入	垄断 不建议进入	基础薄弱 不建议进入	发展
伺服系统	需求潜力大 建议进入	竞争 建议进入	有一定基础 建议进入	优先发展
控制器	需求潜力大 建议进入	竞争 建议进入	有一定基础 建议进入	优先发展

根据前文分析结果，单从外部市场需求上看，重庆生产精密减速器、伺服系统、控制器等的企业均处于成长阶段，产品需求量大，建议优先发展；单从外部市场竞争性看，精密减速器日本占据市场的85%，垄断性较强，不宜优先发展，而伺服系统和控制器垄断性不高，市场处于竞争阶段，建议优先发展，参与竞争；单从内部发展基础看，精密减速器企业不但数量少，且技术基础薄弱，不建议优先发展。综上整体而言，建议优先突破伺服系统和控制器两大短板，后再发展精密减速器。

5.1.2 重点突破的工业机器人集成应用领域

(1)外部市场需求

重庆工业机器人的集成应用短板主要包括搬运机器人、码垛机器人、上下料机器人、切割机器人、激光加工机器人。上述集成应用短板的目标市场不仅要面向重庆，更要面向全国。项目组对搬运机器人、码垛机器人、上下料机器人、切割机器人、激

光加工机器人2013年至2018年的全国市场需求情况进行了收集整理，结果见表5-3。

表5-3 搬运、码垛、上下料、切割、激光加工各类机器人全国市场需求统计表

（单位：亿元）

集成应用短板	2013年	2014年	2015年	2016年	2017年	2018年
搬运机器人	8.09	13.13	15.3	17.9	20.9	24.6
码垛机器人	7.2	8.07	11.26	15.7	21.9	27.6
上下料机器人	10.91	12.01	14.2	16.8	19.9	21.5
切割机器人	10.97	14.92	21.3	21.3	30.6	41.7
激光加工机器人	15.06	20.06	26.73	26.73	34.27	64.72

由表5-3可知，当前我国在搬运、码垛、上下料、切割和激光加工等机器人领域的应用需求呈现逐年增长的趋势。其中激光加工机器人的市场需求量增长最快，年均增长率达到了33.9%，其次是码垛机器人，年均增长率达到了30.8%，最后分别是切割机器人、搬运机器人和上下料机器人，年均增长率分别是30.6%、24.9%和14.5%。因此从国内市场需求来看，搬运、码垛、上下料、切割和激光加工等机器人产品市场均处于成长阶段，单从市场需求看，重庆发展搬运、码垛、上下料、切割和激光加工机器人产业均是可行的。

（2）外部市场竞争

①搬运、码垛机器人

目前，从事生产制造搬运（码垛）机器人的公司较多，据中国报告大厅数据显示，目前排名前十的搬运（码垛）机器人公司分别是Fanuc发那科、ABB、KUKA库卡、Yaskawa安川、SIASUN新松、Staubli史陶比尔、NACHI那智不二越、Comau柯马、Efort埃夫特、广州数控GSK(表5-4)。

表5-4 我国从事搬运(码垛)机器人知名企业排名表

排名	品牌名称	公司名称	所属城市
1	Fanuc发那科	上海发那科机器人有限公司	上海
2	ABB	ABB(中国)有限公司	北京
3	KUKA库卡	库卡机器人(上海)有限公司	上海
4	Yaskawa安川	安川电机(中国)有限公司	上海
5	SIASUN新松	沈阳新松机器人自动化股份有限公司	沈阳
6	Staubli史陶比尔	史陶比尔(杭州)精密机械电子有限公司	杭州
7	NACHI那智不二越	那智不二越(上海)贸易有限公司	上海
8	Comau柯马	柯马(上海)工程有限公司	上海
9	Efort埃夫特	埃夫特智能装备股份有限公司	芜湖
10	广州数控GSK	广州数控设备有限公司	广州

注:1.中国报告大厅2017年11月22日报道,http://www.chinabgao.com/enterprise/11088.html

2.搬运机器人与码垛机器人在功能上有一定重复性,故搬运机器人的数据基本代表了搬运、码垛机器人的整体情况

从上表可知,当前我国从事生产制造搬运(码垛)机器人的企业主要分布在上海、杭州和广州等地。单从外部市场竞争看,重庆在搬运、码垛机器人市场中有初步的竞争力,进一步发展该短板具有一定的可行性。

②上下料机器人

上下料机器人是指能够实现对圆盘类、长轴类和不规则形

状类等工件自动上料或者下料,能完成工件翻转、工件转序等工作的一类机器人。上下料机器人作为工业机器人市场应用领域的组成部分,已经变得非常重要。当前国内综合竞争力排名前十的上下料机器人企业见表5-5。

表5-5　我国上下料机器人企业综合竞争力排名表

排名	企业名称	所属省份
1	东莞市杰康自动化设备有限公司	广东
2	常州市兰生工业自动化科技有限公司	江苏
3	沈阳机床(集团)有限责任公司	辽宁
4	宁波大正工业机器人技术有限公司	浙江
5	恒力佳机械设备有限公司	广东
6	珠海市华普自动化科技有限公司	广东
7	深圳市罗博泰尔机器人技术有限公司	广东
8	浙江乐佰特自动化科技有限公司	浙江
9	东莞市畅利莱机器人科技有限公司	广东
10	苏州欧来克自动化设备有限公司	江苏

如表5-5所示,当前具有一定综合实力和竞争力的上下料机器人企业主要分布在广东、浙江和江苏等地。其中广东占据了上下料机器人企业排名前十的二分之一,位居第一;其次是浙江和江苏,分别占据了上下料机器人企业排名前十的五分之一;辽宁省的沈阳机床(集团)有限责任公司以第三名的综合实力跻身前十。重庆的上下料机器人企业并未跻身十强。单从外部市场竞争看,重庆上下料机器人企业的市场竞争力较差,优先发展上下料机器人短板可行性不高。

③激光加工机器人

激光加工机器人主要是运用于装备行业，如消费电子领域、工业制造领域等。当前我国激光加工机器人企业综合竞争力排名前八的如表5-6所示。

表5-6 我国激光加工机器人企业综合竞争力排名表

排名	品牌	企业名称	所属省市
1	锐科	武汉锐科光纤激光技术股份有限公司	湖北省
2	创鑫	深圳市创鑫激光股份有限公司	广东省
3	恩耐	恩耐激光技术(上海)有限公司	上海市
4	杰普特	深圳市杰普特光电股份有限公司	广东省
5	飞博	上海飞博激光科技有限公司	上海市
6	镭宝	重庆镭宝激光科技有限公司	重庆市
7	联品	深圳联品激光技术有限公司	广东省
8	依斯普	重庆依斯普激光技术股份有限公司	重庆市

如表5-6所示，在我国激光加工机器人企业综合竞争力排行榜中，排名前八位的，广东省有3家，上海市和重庆市均有2家。单从外部市场竞争看，重庆激光加工机器人的市场竞争力比较强，优先发展激光加工机器人短板可行性较高。

④切割机器人

切割机器人主要应用于汽车制造和农用机械制造等领域。当前我国切割机器人企业综合竞争力排名前十的如表5-7所示。

表5-7　我国切割机器人企业综合竞争力排名表

排名	企业名称	所属省市
1	常州辛格麦德机械有限公司	江苏
2	上海通用重工集团有限公司	上海
3	东莞市力生自动化科技有限公司	广东
4	维和泰(北京)科技有限公司	北京
5	成都环龙智能系统设备有限公司	四川
6	北京林克曼数控技术股份有限公司	北京
7	广东拓荒牛智能切割科技股份有限公司	广东
8	深圳市斯普雷博科技有限公司	广东
9	济南邦德激光股份有限公司	山东
10	南京斯托克机器人系统有限公司	江苏

如表5-7所示，各省市的切割机器人企业的外部市场竞争非常激烈，广东、北京、江苏、上海和四川等地的切割机器人企业均有进入到全国前十强中。广东省有3家企业上榜，在数量上稳居第一。其次是北京市和江苏省，有两家切割机器人企业位列前十，在数量上并列第二。除此之外，上海市、山东省和四川省也各自有一家企业跻身前十。重庆市暂时没有切割机器人企业进入综合竞争力前十强，单从外部市场竞争看，重庆在切割机器人市场上不具有竞争力，进一步发展该短板不具有可行性。

(3)内部发展基础

从内部的发展基础来看，重庆有一些搬运、码垛和上下料机器人企业，如重庆机器人有限公司、川崎(重庆)机器人工程有限公司、重庆摩西机器人有限公司等。在切割和激光加工机器人方面，重庆有重庆镭宝激光科技有限公司、重庆依斯普激光技术股份有限公司等。这些企业在重庆立足已久，均有一定的实力。项目组通过资料的收集，整理出重庆市机器人集成应用领域短板企业数量统计表（表5-8）。

表5-8　重庆市机器人集成应用领域短板企业数量统计表

集成应用领域短板	企业数量/家	大中型企业数量/家	小型企业数量/家
搬运机器人	6	2	4
码垛机器人	6	2	4
上下料机器人	2	0	2
切割机器人	2	1	1
激光加工机器人	5	2	3
总计	**21**	**7**	**14**

由表5-8可知，重庆市搬运机器人和码垛机器人企业总数各为6家，其大中型企业分别为两家。生产激光加工机器人的企业总数为5家，大中型企业数量为2家。生产上下料机器人和切割机器人的企业数量一共只有4家，大中型企业数量仅有1家。单从内部发展基础来看，生产搬运机器人、码垛机器人和激光加工机器人的企业相对较多，大中型企业数量占比较高，具有一定的内部发展基础，进一步发展该短板具有可行性。而上下料机器人和切割机器人的企业总数少，且大中型企业数量偏低，内部发展基础较差，进一步发展该短板不具有可行性。

（4）确定重点发展的工业机器人集成应用领域

通过对重庆工业机器人集成应用领域的外部市场需求、外部市场竞争和内部发展基础的分析，可得到重庆市工业机器人集成应用短板发展可行性分析结果(见表5-9)。

表5-9　重庆工业机器人集成应用领域短板发展可行性分析表

集成应用领域短板	外部市场需求	外部市场竞争	内部发展基础	结论
搬运机器人	需求潜力大 建议进入	初具竞争力 建议进入	基础较好 建议进入	优先发展
码垛机器人	需求潜力大 建议进入	初具竞争力 建议进入	基础较好 建议进入	优先发展
切割机器人	需求潜力大,建议进入	竞争力弱,不建议进入	基础较差 不建议进入	发展
上下料机器人	需求潜力大,建议进入	竞争力弱,不建议进入	基础较差 不建议进入	发展
激光加工机器人	需求潜力大,建议进入	初具竞争力,建议进入	基础较好 建议进入	优先发展

根据前文分析,单从外部市场需求上看,重庆搬运、码垛、上下料、切割、激光加工等机器人类型企业处于成长阶段,产品需求量大,建议优先发展;单从外部市场竞争看,搬运、码垛、激光加工等机器人类型企业初具竞争力,建议优先发展,而上下料和切割等机器人类型企业竞争力弱,不建议优先发展;单从内部发展基础看,搬运、码垛和激光加工等机器人类型企业的内部基础较好,建议优先发展,而上下料和切割等机器人类型企业的内部基础较差,不建议优先发展。因此整体而言,建议优先突破搬运、码垛和激光加工机器人短板,而后再发展切割和上下料机器人。

5.1.3 重点发展的工业机器人应用行业

《中国机器人产业发展报告(2018年)》指出,当前我国工业机器人主要应用于电子、汽车、橡胶及塑料、金属制品、化学工业、食品饮料和物流等行业。为了进一步分析重庆市工业机器人产业的应用情况,项目组对工业机器人的应用行业进行了外部市场需求、外部市场竞争和内部发展基础等维度的分析。

(1)外部市场需求

①全国工业机器人产品主要应用行业

我国工业机器人企业的产品主要应用于汽车行业、电子行业、金属制品行业、橡胶及塑料行业、食品和物流行业等,项目组统计了全国工业机器人在各行业的数量占比情况。

如图5-5所示,汽车行业使用的工业机器人数量最多,约为整体的三分之一,其次是电子行业(3C),约为整体的21.0%,然后是金属制品和物流行业,分别为10.8%和10.0%。

②重庆机器人产品主要应用行业

项目组进一步对重庆市工业机器人产品的应用情况进行了调查,结果如图5-6所示。

重庆市工业机器人产品主要应用于汽车行业,占整个工业机器人使用量的30%,稳居第一位。其次是3C行业,占整个工业机器人使用量的19%,接下来是化学工业、物流、金属制品等行业。

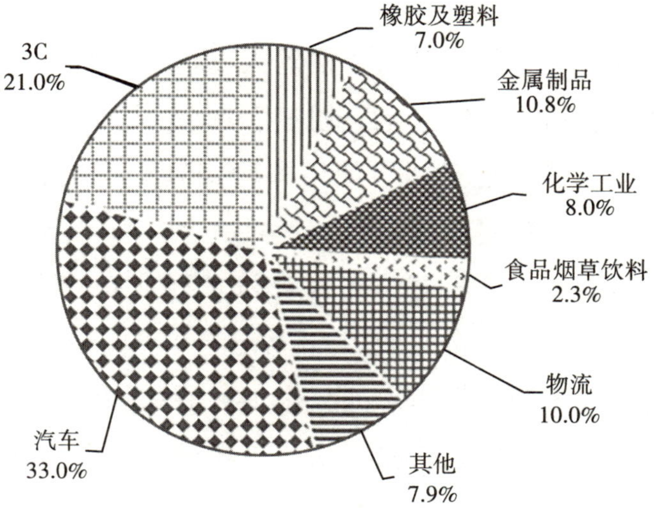

图5-5　全国工业机器人在各行业的数量占比图

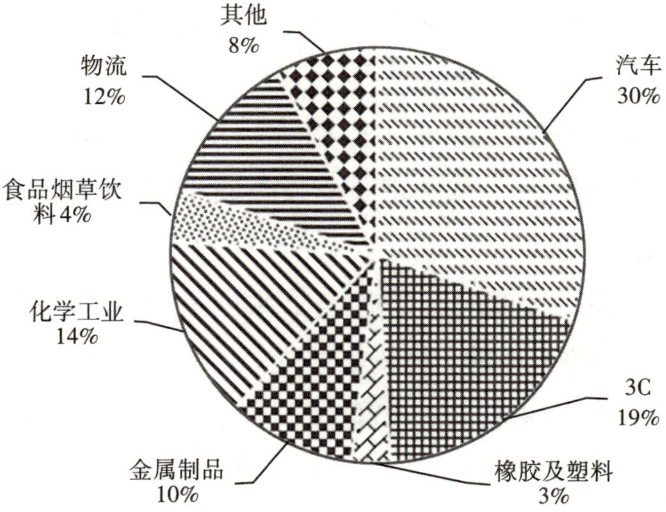

图5-6　重庆工业机器人在各行业的数量占比图

(2)外部市场竞争

重庆市工业机器人主要产品应用行业范围比较广,但存在着激烈的市场竞争。从上述的外部需求分析中,不难发现,当前在汽车行业、3C 行业、化工行业和物流行业等，重庆市工业机器人产品具有一定的竞争力。机器人发展之初就是为了服务汽车的生产和制造，目前汽车行业应用市场已基本饱和；3C 行业、化工行业和物流行业通常会使用搬运、码垛、焊接、喷涂等机器人产品，其外部市场具有较大的竞争性。

虽然重庆工业机器人产品在汽车行业有一定竞争力，但由于其他地区的成熟企业较多，市场已被占领，故要获得更大的市场份额比较困难。而 3C 行业、化工行业和物流行业的市场准入门槛较低，进入较为容易，重庆工业机器人产业有获得更大市场份额的可能。

(3)内部发展基础

重庆市工业机器人的应用行业范围比较广泛，通过前面的外部市场需求和外部市场竞争等因素的分析，筛选出重庆市工业机器人产业的应用重点——3C 行业、化工行业和物流行业。这三个行业均被纳入了重庆市重点发展行业名单，具有较好的内部发展基础。

在 3C 行业领域，重庆目前有西永微电子产业园区、九龙坡工业园区等电子产品生产、制造集聚地。

在化工行业，有重庆(长寿)化工园区、涪陵白涛工业园区和万州盐气化工园区，其中重庆(长寿)化工园区是目前重庆最大的化工园区，位列全国前十。

在物流行业，有重庆西部现代物流产业园、重庆公路物流基地、重庆江北机场航空物流园、永川港桥物流园、寸滩保税港区、空港现代物流园和西部国际涉农物流加工区等。

(4)确定重点发展的工业机器人应用行业

通过上述分析,我们整理出重庆市工业机器人产业应用行业短板发展可行性评价表(表5-10)。

表5-10　重庆市工业机器人产业应用行业短板发展可行性评价表

应用行业短板	外部市场需求	外部市场竞争	内部发展基础	结论
汽车	需求潜力大 建议进入	市场饱和 不建议进入	基础一般	发展
3C	需求潜力大 建议进入	初具竞争力 建议进入	基础较好	优先发展
橡胶及塑料	需求潜力小 不建议进入	竞争力弱 不建议进入	基础一般	发展
金属制品	需求潜力大 建议进入	竞争力弱 不建议进入	基础较差	发展
化学工业	需求潜力大 建议进入	初具竞争力 建议进入	基础较好	优先发展
食品烟草饮料	需求潜力小 不建议进入	竞争力弱 不建议进入	基础较差	发展
物流	需求潜力大 建议进入	初具竞争力 建议进入	基础较好	优先发展

根据前文分析,单从外部市场需求上看,汽车、3C、金属制品、化学工业和物流行业是战略新兴行业,需求潜力大,建议优先发展;但从外部市场竞争性看,汽车行业的市场比较饱和,成熟度较高,不建议优先发展,3C、化学工业和物流的进入门槛不

高，具有一定的外部市场竞争力，建议优先发展，橡胶及塑料、食品烟草饮料和金属制品行业的市场竞争力较弱，不优先发展；单从内部发展基础看，3C、化学工业和物流作为重庆市的战略新兴行业，具有较强的内部基础，建议优先发展。因此整体而言，建议优先发展3C、化学工业和物流行业三大短板，而后发展汽车、橡胶及塑料、金属制品和食品烟草饮料行业。

5.2 重点突破的服务机器人产业链结构短板

服务机器人产业链短板包括核心零部件、机器人本体和集成应用环节。由于服务机器人和工业机器人产业链核心零部件短板是共同的，上面已对核心零部件这一短板做了发展可行性分析，因此本节主要就外部市场需求、外部市场竞争和内部发展基础三方面对服务机器人本体、集成应用领域等进行逐一分析，并得出最终的发展可行性结论与建议，应用行业情况因数据不足未做探讨。

5.2.1 重点突破的服务机器人本体

(1)外部市场需求

①人工智能

在我国国家战略规划中，人工智能是国内产业转型升级，打造行业竞争力的关键技术突破点，具有很大的市场前景。项目组对2014—2018年我国机器人人工智能市场规模数据进行了整理(图5-7)。

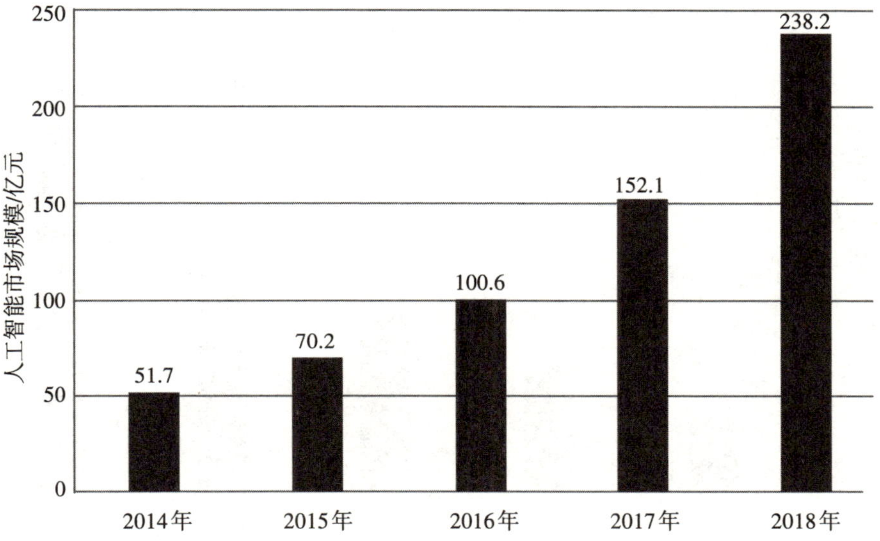

图5-7　2014—2018年中国机器人人工智能市场规模

由图5-7可知，中国机器人人工智能的市场规模都保持逐年上升的趋势，从2014年市场规模51.7亿元到2018年市场规模238.2亿元，年复合增加率达到35.73%，2018年比2017年增长了56.6%，由此可知，中国机器人人工智能市场需求正在逐步扩大。从国内市场需求来看，机器人人工智能产品市场处于快速发展阶段，重庆发展机器人人工智能产品是可行的。

②操作系统

机器人通过搭建专属的系统就可以进行不同的操作，实现其专业的用途。随着智能科技的发展，人们对机器人智能化水平的要求越来越高，这为机器人操作系统发展带来了挑战，也进一步开拓了机器人操作系统的需求市场。项目组对2014—2018年我国机器人操作系统市场规模进行了统计分析(图5-8)。

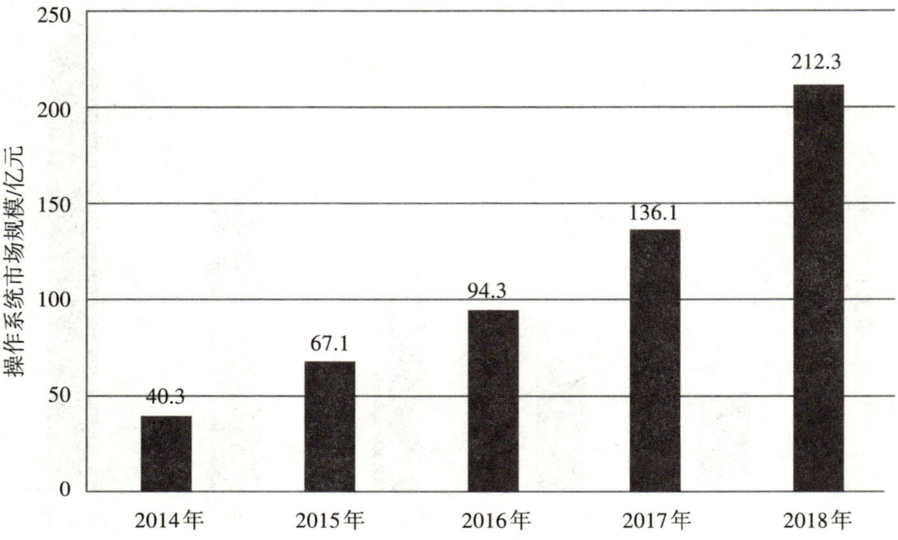

图5-8　2014—2018年中国机器人操作系统市场规模

由图5-8可以看出,我国机器人操作系统的市场规模保持着逐年上升的趋势,从2014年市场规模40.3亿元到2018年市场规模212.3亿元,年复合增加率达到39.42%,2018年相比2017年增长了56.0%,由此可知,我国机器人操作系统市场需求正在逐步扩大。从国内市场需求来看,机器人操作系统市场处于快速发展阶段,重庆发展机器人操作系统是可行的。

(2)外部市场竞争

①人工智能

人工智能领域有较大的市场需求,但同时也面临着较大的外部市场竞争。2018年中国人工智能行业市场前景研究报告数据显示,不同地区的竞争能力差距较大。图5-9列出了2018年在人工智能领域有竞争力的十大城市。

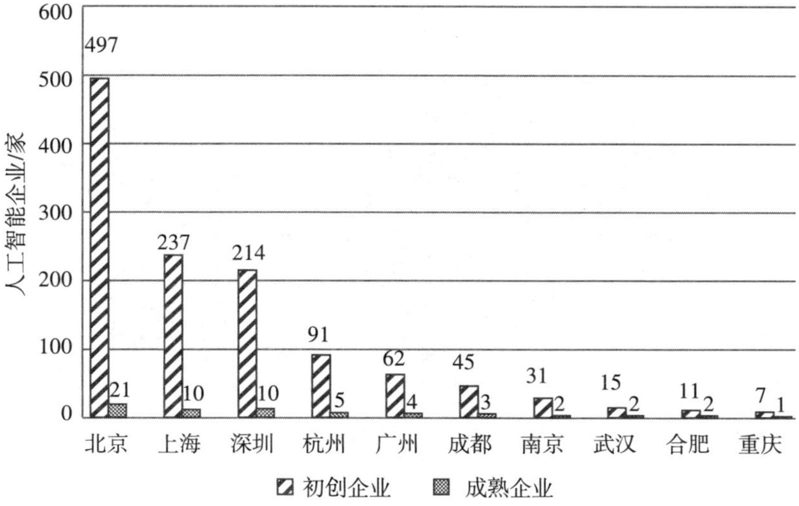

图5-9　2018年中国人工智能领域有竞争力的十大城市人工智能企业数量对比图

分析图5-9可知，2018年北京人工智能初创企业有497家，技术成熟的企业有21家，无论是初创企业还是成熟企业的数量都领先于其他城市。北京、上海以及深圳的人工智能类企业数量占据前三的位置。重庆人工智能初创企业有7家，而技术成熟型企业只有一家。重庆虽然在十大城市中排名垫底，但进入前十已表明其初步具有了参与人工智能市场竞争的能力，因此从外部市场竞争来看，重庆可优先发展人工智能，积极参与竞争。

②操作系统

操作系统也有很大的市场需求，但外部市场竞争同样激烈，就目前来看，全球公认的机器人三大操作系统是Ubuntu、Android和ROS，其中ROS是专为机器人研发使用的操作系统，被世界各地的机器人生产商使用，比如瑞士的ABB，德国的KUKA，日本的Fanuc和Yaskawa。为进一步分析机器人操作系统的外部市场竞争环境，项目组收集整理了国际机器人操作系统市场的相关资料(图5-10)。

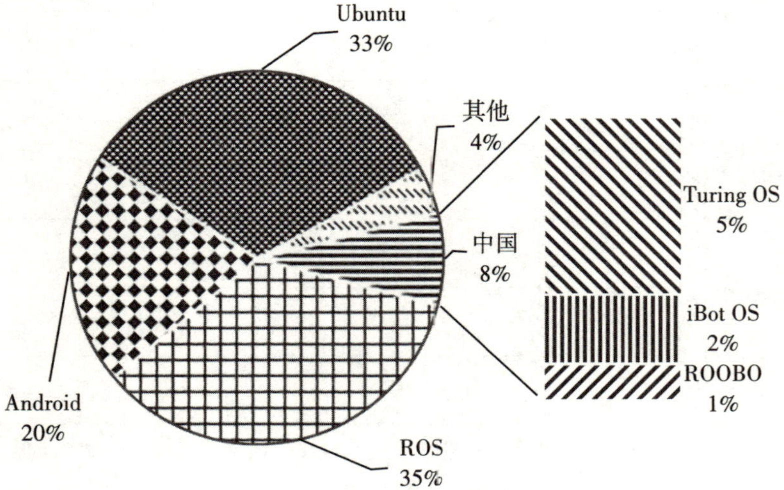

图5-10　国际机器人操作系统市场占比图

从图5-10可知,机器人使用的操作系统都是相对固定的,全球操作系统的市场主要被国外成熟的操作系统占据,ROS、Android以及Ubuntu这三大操作系统已占据了88%的市场份额,基本处于垄断地位。我国在这激烈的市场竞争中不占优势,在国内市场就图灵机器人的Turing OS系统与小i机器人云操作系统iBot OS具有一定的市场发展潜力。因此,单从外部市场竞争上看,重庆发展机器人操作系统的可行性不高。

(3)内部发展基础

①人工智能

由于重庆市机器人产业起步较晚,同时人工智能的突破对算法开发能力的要求较高,因此,该领域存在市场进入壁垒。2018年统计数据表明,重庆市从事人工智能的初创企业为7家,技术较为成熟的大中型企业只有1家——重庆中科云从科技有限公司,这些企业有一定的发展前景。另外,重庆大学正在进行人工智能的技术研发，并且相关大学也陆续开设人工智能专业，目前已有了一定成果。综上，重庆市机器人人工智能发展内部已有一定的基础。

②操作系统

通过对机器人操作系统市场的外部环境分析，可以看出，中国在操作系统市场上不具备优势，操作系统基本被国外垄断。重庆市目前从事机器人操作系统开发的企业有3家，华为在重庆设有分公司，但华为总公司位于广东，其技术研发中心位于上海、北京等地，尚未在重庆设立研发中心。重庆邮电大学相关专业在进行机器人操作系统的自主技术研发，但总的来说，重庆机器人操作系统相关研究单位还是太少。可见，重庆市机器人操作系统内部发展基础相对欠缺。

(4)确定重点突破的服务机器人本体

通过对重庆市服务机器人本体应用的外部市场需求、外部市场竞争和内部发展基础的分析，可得到重庆市服务机器人本体应用短板发展可行性分析结果(表5-11)。

表5-11　重庆市服务机器人本体应用短板发展可行性结论

核心零部件短板	外部市场需求	外部市场竞争	内部发展基础	结论
人工智能	需求潜力大 建议进入	竞争 建议进入	有一定基础 建议进入	优先发展
操作系统	需求潜力大 建议进入	垄断 不建议进入	基础薄弱 不建议进入	发展

单从外部市场需求上看，机器人人工智能、操作系统类产品需求潜力大，建议优先发展；单从外部市场竞争看，ROS、Android以及Ubuntu这三大操作系统占据了机器人操作系统88%的市

场份额,垄断性较强,因此不建议优先发展,而机器人人工智能产品垄断性不高,市场仍有竞争空间,建议重庆优先发展这类产业,参与竞争;单从内部发展基础看,重庆生产机器人操作系统的企业数量少,且技术基础薄弱,不建议优先发展。因此整体而言,就机器人本体这一块,建议优先突破人工智能这一短板,而后再发展操作系统。

5.2.2 重点突破的服务机器人集成应用领域

根据《中国机器人产业发展报告(2018年)》,当前我国服务机器人主要应用于医疗、公共服务、家用等领域。为进一步分析重庆市服务机器人产业集成应用情况,项目组对服务机器人的集成应用领域进行了外部市场需求、外部市场竞争和内部发展基础三大维度分析。

(1)外部市场需求

①教育机器人

随着国家对教育的重视,教育机器人在家庭教育中扮演着相当重要的角色,市场需求很大,项目组对2014—2018年我国教育机器人市场规模进行了对比分析,结果如图5-11所示。

由图5-11可知,教育机器人的市场规模保持逐年上升的趋势,2014年市场规模只有3.1亿元,而到了2018年市场规模已高达7.6亿元,年复合增加率达到19.65%。2018年的教育机器人市场规模比2017年增长了24.60%。根据数据可知,教育机器人的市场需求正在逐步扩大。因此从国内市场需求来看,教育机器人市场处于快速发展阶段,重庆发展教育机器人是可行的。

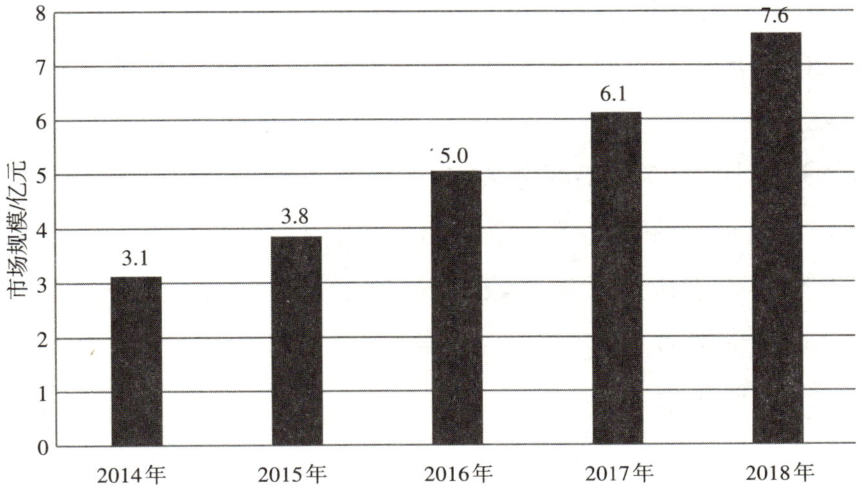

图5-11　2014—2018年中国教育机器人市场规模

②酒店机器人

目前机器人已逐步进入酒店市场，进一步提升了酒店的服务质量，项目组对2014—2018年我国酒店机器人的市场规模进行了对比分析，结果如图5-12所示。

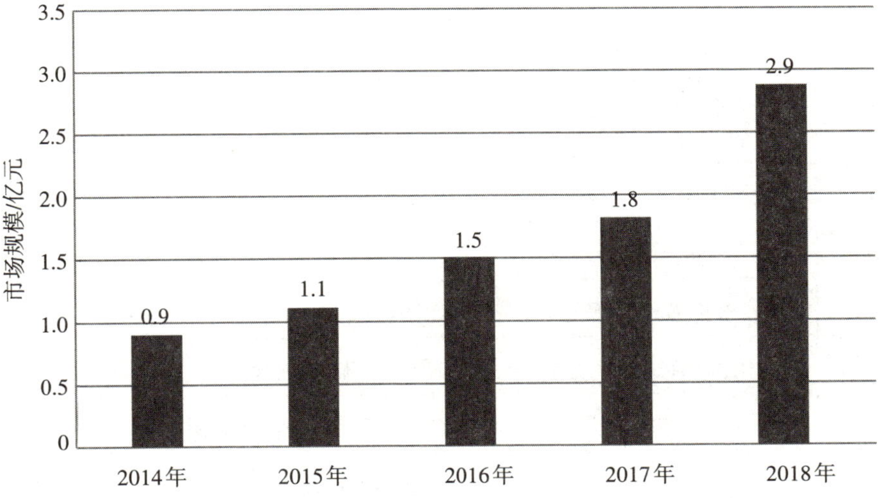

图5-12　2014—2018年中国酒店机器人市场规模

由图5-12可知，酒店机器人的市场规模保持逐年上升的趋势，2014年市场规模只有0.9亿元，而到了2018年市场规模已高达2.9亿元，年复合增加率达到26.37%。2018年的酒店机器人市场规模比2017年增长了61.11%。根据数据可知，酒店机器人的市场需求正在逐步扩大。因此从国内市场需求来看，酒店机器人市场处于快速发展阶段，重庆发展酒店机器人是可行的。

(2)外部市场竞争

①教育机器人

目前，从事教育机器人的公司较多，有上海未来伙伴机器人有限公司、Wonder Workshop、深圳市创客工场科技有限公司、哈工大机器人集团股份有限公司、科大讯飞股份有限公司等，国内综合竞争力排前九位的公司见表5-12。

表5-12 我国教育机器人企业综合竞争力排名表

排名	品牌名称	公司名称	所属省市
1	能力风暴教育机器人	上海未来伙伴机器人有限公司	上海
2	Makeblock	深圳市创客工场科技有限公司	广州
3	Smart等	哈工大机器人集团股份有限公司	黑龙江
4	阿尔法大蛋人工智能机器人	科大讯飞股份有限公司	安徽
5	布丁豆豆	ROOBO	北京
6	格物斯坦机器人	格物斯坦(上海)机器人有限公司	上海
7	UBTECH阿尔法系列	优必选科技	广州
8	公子小白	深圳狗尾草智能科技有限公司	广州
9	米兔	北京小米科技有限责任公司	北京

注:统计时间为2017年

从这9家企业的区域分布来看，有3家位于广州，上海、北京各有2家，其余的企业分布在不同的地区。目前科大讯飞在重庆设有分公司，重庆教育机器人产品在外部市场竞争中，具有一定的实力。因此，单从外部市场竞争看，重庆的教育机器人产品有一定的竞争空间，优先发展教育机器人短板可行性较高。

②酒店机器人

目前，酒店机器人企业数量相较于家用、医疗和教育机器人的较少。相关资料显示，排名前十的分别是科沃斯机器人股份有限公司、海尔集团、广东宝乐机器人股份有限公司、青岛进化者小胖机器人科技有限公司、深圳勇艺达机器人有限公司、福玛特机器人科技股份有限公司、苏州地贝电器科技有限公司、昆山穿山甲机器人股份有限公司、北京伊娃机器人科技有限公司、浙江奇翼电子科技有限公司，详情如表5-13所示。

表5-13 我国酒店机器人企业综合竞争力排名表

排名	品牌名称	公司名称	所属省市
1	科沃斯	科沃斯机器人股份有限公司	江苏
2	海尔	海尔集团	山东
3	宝乐	广东宝乐机器人股份有限公司	广东
4	小胖机器人	青岛进化者小胖机器人科技有限公司	山东
5	勇艺达	深圳勇艺达机器人有限公司	广东
6	福玛特	福玛特机器人科技股份有限公司	北京
7	地贝	苏州地贝电器科技有限公司	江苏
8	穿山甲	昆山穿山甲机器人股份有限公司	江苏
9	伊娃	北京伊娃机器人科技有限公司	北京
10	小Q等	浙江奇翼电子科技有限公司	浙江

江苏省有3家企业上榜。北京市、广东省有两家企业上榜。从外部市场竞争来看,重庆市酒店机器人企业在市场上不具备竞争优势,进一步发展该短板不具有可行性。

(3)内部发展基础

项目组通过收集资料,对重庆市服务机器人集成应用领域短板企业数量进行了统计,结果如图5-13所示。

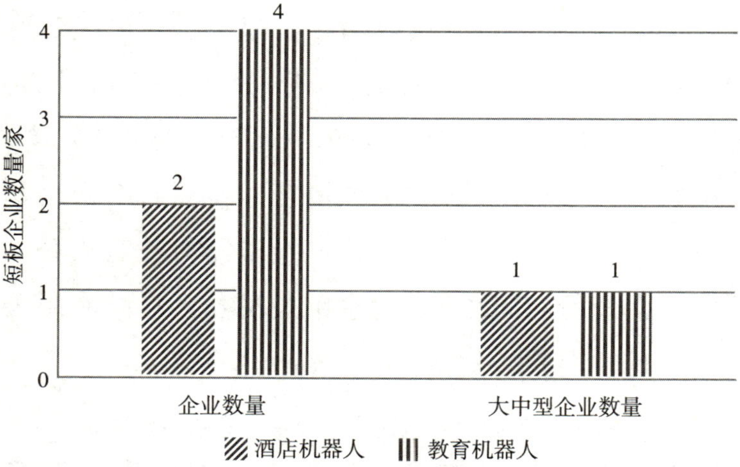

图5-13 重庆市服务机器人集成应用领域短板企业数量统计图

由图5-13可知,在重庆市服务机器人集成应用领域短板企业中,教育机器人、酒店机器人大中型企业数量都为1家。可见,重庆市酒店和教育机器人大中型企业较少。从技术发展情况来看,相较于酒店机器人,教育机器人在重庆的发展基础相对较好,其行业应用水平在国内较高。重庆理工大学与中科院重庆绿色智能技术研究院已开展教育机器人的研发工作,对核心技术进行攻坚。后者在教育机器人产品可靠性研究方面国内领先,并参与了相关标准的制定、修订工作。因此,从内部发展基础看,优先推动教育机器人的发展具有较大可行性。

5.2.3 确定重点突破的服务机器人集成应用领域

通过对服务机器人集成应用领域的外部市场需求、外部市场竞争和内部发展基础的分析，可得到重庆市服务机器人集成应用领域短板发展可行性结论（表5-14）。

表5-14 重庆市服务机器人集成应用领域短板发展可行性结论

集成应用领域短板	外部市场需求	外部市场竞争	内部发展基础	结论
酒店机器人	需求潜力大 建议进入	未有竞争力 不建议进入	基础较差	发展
教育机器人	需求潜力大 建议进入	初具竞争力 建议进入	有一定基础	优先发展

根据前文分析，单从市场需求上看，酒店以及教育机器人需求潜力大，建议优先发展；单从外部市场竞争看，教育机器人竞争相对较小，建议优先发展，参与竞争；单从内部发展基础看，教育机器人的基础相对较好，建议优先发展。因此整体而言，就服务机器人集成应用这一块，建议优先突破教育机器人这一短板，而后发展酒店机器人。

5.3 在重点突破方向上加大对本地企业的培育

在前文确定了可以重点突破的产业链各环节上，再筛选出一批有实力的本地企业加以重点培育，形成完善的机器人产业链的地方梯队，这是实现机器人产业发展的良策。

项目组选取规模、科研能力、资金三大指标，对重庆现有工业机器人可发展短板环节上的企业进行了实力综合评价，详情如表5-15。

表5-15　重庆工业机器人可发展短板环节本地企业综合实力评价表

可发展短板		本地企业	相关指标			综合实力
			规模	科研能力	资金	
核心零部件	伺服系统	重庆创坤科技开发有限公司	●	●●	●	●
		重庆德马变频电机研发制造有限公司	●	●●	●	●
		重庆神驰机电股份有限公司	●●●	●●●	●●●	●●●
		重庆虎溪电机工业有限责任公司	●●	●●	●●	●●
		重庆锐纳达自动化技术有限公司	●	●	●	●
		重庆华数机器人有限公司	●	●●	●	●
	控制器	重庆佰思特智能装备有限公司	●	●●	●	●
		重庆柚瓣家科技有限公司	●	●●●	●●	●●
		重庆兴天下科技电子有限公司	●●	●●	●●	●●
		重庆卓来科技有限责任公司	●	●●	●	●
		易拓威（重庆）机器人科技有限公司	●	●●	●	●
		重庆埃夫特智能装备股份有限公司	●	●●	●	●
		重庆华数机器人有限公司	●	●●	●	●
集成应用	搬运	重庆炎武科技有限责任公司	●	●	●	●
		重庆社平科技有限责任公司	●	●●	●	●
		重庆摩西机器人有限公司	●●	●●	●●	●●
		重庆广数机器人有限公司	●	●●	●	●
		重庆罗伯百思特智能装备有限公司	●	●●	●	●

续表

可发展短板		本地企业	相关指标			综合实力
			规模	科研能力	资金	
集成应用	码垛	重庆广数机器人有限公司	●	●●	●	●
		重庆合玉智能装备有限公司	●●	●	●	●
		重庆社平科技有限责任公司	●	●●	●	●
		重庆摩西机器人有限公司	●●	●●	●●	●●
	激光加工	重庆镭宝激光科技有限公司	●●	●	●	●

评价指标说明：

规模：●表示有5家以下分公司，●●表示有5—10家分公司，●●●表示有10家以上分公司

科研实力：●表示专利数在10件以下；●●表示专利数在10—50件；●●●表示专利数在50件以上

资金：●表示2018年主营业务收入在500万元以下；●●表示2018年主营业务收入在500万—1000万元；●●●表示2018年主营业务收入在1000万元以上

综合实力：●表示实力较差或一般；●●，●●●表示实力较强；●越多实力越强

资料来源：各个企业官网

从表5-15可以看出，在伺服系统上，重庆神驰机电股份有限公司和重庆虎溪电机工业有限责任公司的综合实力较强，可重点培育；在控制器上，重庆柚瓣家科技有限公司和重庆兴天下科技电子有限公司的综合实力较强，可重点培育；在集成应用上，重庆摩西机器人有限公司在搬运和码垛领域的应用上综合

实力较强，可重点培育。

按照同样的方法，项目组从规模、科研能力、资金三方面对重庆现有服务机器人可发展短板环节上的本地企业进行了实力综合评价，详情见表5-16。

表5-16 重庆服务机器人可发展短板环节本地企业综合实力评价表

<table>
<tr><th colspan="2" rowspan="2">可发展短板</th><th rowspan="2">本地企业</th><th colspan="3">相关指标</th><th rowspan="2">综合实力</th></tr>
<tr><th>规模</th><th>科研能力</th><th>资金</th></tr>
<tr><td rowspan="7">本体</td><td rowspan="7">人工智能</td><td>重庆速阔智能科技有限公司</td><td>●</td><td>●●</td><td>●●</td><td>●●</td></tr>
<tr><td>重庆奥沃斯机器人有限公司</td><td>●●</td><td>●●</td><td>●●</td><td>●●</td></tr>
<tr><td>重庆浪尖智能科技研究院有限公司</td><td>●</td><td>●</td><td>●</td><td>●</td></tr>
<tr><td>重庆罗伯百思特智能装备有限公司</td><td>●</td><td>●●</td><td>●</td><td>●</td></tr>
<tr><td>重庆谱思机器人控制系统有限公司</td><td>●●</td><td>●</td><td>●</td><td>●</td></tr>
<tr><td>重庆九扬机器人产业有限公司</td><td>●●</td><td>●</td><td>●</td><td>●</td></tr>
<tr><td>重庆中科云从科技有限公司</td><td>●</td><td>●●</td><td>●</td><td>●</td></tr>
<tr><td rowspan="4">集成应用</td><td rowspan="4">教育机器人</td><td>中食创贝(重庆)教育科技有限公司</td><td>●</td><td>●●</td><td>●</td><td>●</td></tr>
<tr><td>重庆科大讯飞智能科技有限公司</td><td>●●●</td><td>●●●</td><td>●●●</td><td>●●●</td></tr>
<tr><td>重庆奥沃斯机器人有限公司</td><td>●●</td><td>●●</td><td>●●</td><td>●●</td></tr>
<tr><td>重庆水龙头科技(集团)有限公司</td><td>●●●</td><td>●●●</td><td>●●</td><td>●●●</td></tr>
<tr><td rowspan="2">核心零部件</td><td>伺服系统</td><td colspan="5">已在工业机器人核心零部件表述</td></tr>
<tr><td>控制器</td><td colspan="5">已在工业机器人核心零部件表述</td></tr>
</table>

评级指标说明：

规模：●表示有5家以下分公司，●●表示有5—10家分公司，●●●表示

有10家以上分公司

科研实力：●表示专利数在10件以下；●●表示专利数在10—50件；●●●表示专利数在50件以上

资金：●表示2018年主营业务收入在500万元以下；●●表示2018年主营业务收入在500万—1000万元；●●●表示2018年主营业务收入在1000万元以上

综合实力：●表示实力较差或一般；●●，●●●表示实力较强；●越多实力越强

资料来源：各个企业官网

从表5-16可以看出，在人工智能方面，重庆奥沃斯机器人有限公司和重庆速阔智能科技有限公司综合实力较强，可重点培育；在机器人集成应用部分，重庆科大讯飞智能科技有限公司以及重庆水龙头科技（集团）有限公司综合实力较强，可重点培育。

5.4 在重点突破方向上加大招商引资力度

完善重庆机器人产业链，还必须针对产业链上的薄弱环节进一步加大招商力度，引入更多优秀企业推动产业发展。因此，项目组针对工业机器人产业链可发展短板，从规模、资金、科研实力、在成都或重庆有分设点等方面对国内外相关企业进行了综合评价，详情见表5-17。

表5-17　重庆工业机器人可发展短板环节重点招商企业评价表

产业链环节	可发展短板	国内/国外	知名企业	相关指标				综合实力
				规模	资金	科研实力	在成都或重庆有分设点	
核心零部件	伺服系统	国外	安川电机	●●	●●	●	无	●●
			发那科	●	●●	●	重庆	●
		国内	深圳市汇川技术股份有限公司	●●●	●●	●●	无	●●
			卧龙电气驱动集团股份有限公司	●●	●●	●●	无	●●
			深圳市英威腾电气股份有限公司	●●	●●	●●	重庆	●●
			大连电机集团有限公司	●●	●●●	●●●	无	●●●
			广州数控设备有限公司	●	●	●	重庆	●
	控制器	国外	ABB	●●●●	●●●●	●●●●	重庆	●●●●
			库卡	●●●	●●●	●●●●	重庆	●●●
			贝加莱(B&R)	●	●●	●	重庆	●
		国内	沈阳新松	●●●	●●●●	●●	重庆	●●●
			成都卡诺普	●	●●	●	成都	●
			南京埃斯顿	●●	●●●	●	重庆	●●
			广泰数控	●	●	●	成都	●
			深圳华盛控	●	●●	●●	无	●●
集成应用	搬运机器人	国外	安川电机	●●●	●●●●	●●●●	无	●●●●
			那智不二越	●●	●●●●	●●●●	重庆	●●●●
			斯图加特航空自动化	●	●	●	无	●
			柯马(菲亚特集团)	●●	●●●	●●	重庆	●●
			罗普伺达	●	●	●	无	●
			现代重工	●●	●●●●	●●	无	●●

续表

产业链环节	可发展短板	国内/国外	知名企业	相关指标				综合实力
				规模	资金	科研实力	在成都或重庆有分设点	
集成应用	搬运机器人	国内	固高科技	●●	●●	●	重庆	●●
			广州数控设备有限公司	●	●	●	重庆	●
			卡诺普	●	●	●	成都	●
			凯尔达	●●	●	●	成都	●
	码垛机器人	国外	那智不二越	●●	●●●●	●●●●	重庆	●●●●
			发那科	●	●●	●	重庆	●
			库卡	●●●	●●●	●●●●	重庆	●●●
			斯图加特航空自动化	●	●	●	无	●
			YUSHIN有信	●	●	●	重庆	●
		国内	新时达	●	●	●●	重庆	●
			固高科技	●●	●●	●	重庆	●●
			广州数控设备有限公司	●	●	●	重庆	●
			卡诺普	●	●	●	成都	●
	激光加工	国外	发那科	●	●●	●	重庆	●
			库卡	●●●	●●●	●●●●	重庆	●●●
			斯图加特航空自动化	●	●	●	无	●
			徕斯机器人集团	●	●●	●●	重庆	●●
			莱斯特	●●	●●	●●●	重庆	●●
			小松	●●●	●●●●	●●●	无	●●●
			克鲁斯	●	●●	●●●	无	●●
		国内	新时达	●	●	●●	重庆	●
			凯尔达	●●	●	●	成都	●

评价指标说明：

规模（国内）：●表示有5家以下分公司，●●表示有5—10家分公司，●●●表示有10家以上分公司

规模（国外）：●表示有50家以下分公司；●●表示有50—100家分公司；●●●表示有＞100—200家分公司；●●●●表示有200家以上分公司

资金：●表示2018年主营业务收入在10亿元以下；●●表示2018年主营业务收入在10亿—100亿元；●●●表示2018年主营业务收入在＞100亿—200亿元；●●●●表示2018年主营业务收入在200亿元以上

科研实力：●表示有3家以下研发中心；●●表示有3—5家研发中心；●●●表示有6—10家研发中心；●●●●表示有10家以上研发中心

综合实力：●表示实力较差或一般；●●，●●●，●●●●表示实力较强；●越多实力越强

从表5-17可以看出，在伺服系统方面，大连电机集团有限公司、卧龙电气驱动集团股份有限公司、深圳市汇川技术股份有限公司以及安川电机综合实力较强，可重点招商；在控制器方面，深圳市华盛控科技有限公司综合实力较强，可重点招商；在搬运机器人方面，安川电机和现代重工的综合实力较强，可重点招商；在码垛机器人方面，已具备实力的公司均已落户重庆或者四川成都等地区，因此可考虑扶持培养本地码垛机器人既有企业；在激光加工机器人方面，小松以及克鲁斯综合实力较强，可重点招商。

同理，项目组针对服务机器人产业链可发展短板，从规模、资金、科研实力、在成都还是重庆有分设点等方面对国内外相关企业进行了综合评价，详情见表5-18。

表5-18　服务机器人可发展短板环节重点招商企业评价表

产业链环节	可发展短板	国内/国外	知名企业	相关指标				综合实力
				规模	资金	科研实力	在成都还是重庆有分设点	
本体	人工智能	国外	Facebook	●●●	●●●●	●●●●	无	●●●●
			谷歌	●●	●●●	●●●	重庆	●●●
			IBM	●●●	●●●●	●●●●	重庆	●●●●
			微软	●●	●●●●	●●●	成都	●●●
			亚马逊	●●	●●	●●	成都	●●
		国内	百度	●●	●●●●	●●	无	●●
			阿里巴巴	●●	●●●●	●●●	重庆	●●●
			腾讯	●●	●●●●	●●●	重庆	●●●
			华为	●	●●●●	●●●	重庆	●●
			科大讯飞	●●●	●●●	●●	重庆	●●●
			搜狗	●●	●●●	●●	成都	●●
			中科创达	●●	●●	●●●	成都	●●
			优必选	●●	●●	●●●	重庆	●●
			汉王科技	●●	●	●	无	●
			图灵机器人	●	●	●	无	●
集成应用	教育机器人	国外	Aldebaran Robotics	●●●	●●●●	●●●●	无	●●●●
			Jibo	●●	●●●	●●	无	●●
		国内	小米	●●	●●●●	●●●●	重庆	●●●●
			康力优蓝	●●	●●●●	●●●	无	●●●
			未来伙伴	●●	●●●	●●	无	●●
			奇虎360	●●●	●●●	●●●	重庆	●●●
			智位机器人	●	●●	●●●	无	●●

续表

<table>
<tr><th rowspan="2">产业链环节</th><th rowspan="2">可发展短板</th><th rowspan="2">国内/国外</th><th rowspan="2">知名企业</th><th colspan="4">相关指标</th><th rowspan="2">综合实力</th></tr>
<tr><th>规模</th><th>资金</th><th>科研实力</th><th>在成都还是重庆有分设点</th></tr>
<tr><td rowspan="2">核心零部件</td><td>伺服系统</td><td colspan="7">已在工业机器人核心零部件表述</td></tr>
<tr><td>控制器</td><td colspan="7">已在工业机器人核心零部件表述</td></tr>
</table>

评价指标说明：

规模（国内）：●表示有5家以下分公司，●●表示有5—10家分公司，●●●表示有10家以上分公司

规模（国外）：●表示有50家以下分公司；●●表示有50—100家分公司；●●●表示有>100—200家分公司；●●●●表示有200家以上分公司

资金：●表示2018年主营业务收入在10亿元以下；●●表示2018年主营业务收入在10亿—100亿元；●●●表示2018年主营业务收入在>100亿—200亿元；●●●●表示2018年主营业务收入在200亿元以上

科研实力：●表示有3家以下研发中心；●●表示有3—5家研发中心；●●●表示有6—10家研发中心；●●●●表示有10家以上研发中心

综合实力：●表示实力较差或一般；●●，●●●，●●●●表示实力较强；●越多实力越强

从表5-18可知，在人工智能方面，百度综合实力较强，可重点招商。在教育机器人方面，康力优蓝、智位机器人以及未来伙伴综合实力较强，可重点招商（国外企业因引入难度较大，暂不考虑）。

第6章 重庆机器人研发能力提升路径

DI 6 ZHANG CHONGQING JIQIREN YANFA NENGLI TISHENG LUJING

第6章 重庆机器人研发能力提升路径

6.1 加强机器人研发平台建设

一是加强本地已有研发平台建设，对目前已经建成的研发平台进行扶持、引导，力争进一步提档升级，鼓励市级研发机构争创国家级研发平台，支持有条件的企业自建的研发机构创建成为市级机器人产业示范研究院或创新示范中心。本地已有机器人主要研发平台建设发展目标如表6-1所示。

表6-1 本地已有机器人主要研发平台建设发展目标

研发基地名称	级别	下一步建设目标
中科院重庆绿色智能技术研究院	市级	争创国家级机器人产业研究院
重庆市机电设计研究院	市级	争创国家级机器人产业研究院
重庆固高科技长江研究院	企业自建	争创市级机器人产业示范研究院
发那科机器人重庆技术中心	企业自建	争创市级机器人产业创新示范中心
鲁班机器人技术研究院	企业自建	争创市级机器人产业示范研究院
重庆高创机器人研究院	企业自建	争创市级机器人产业示范研究院

表6-1中的研发机构,有两所为市级的研发平台,根据其主要功能和目标,政府应对它们进行激励,让其进一步提档升级。例如,中科院重庆绿色智能技术研究院目前承担了一系列机器人科研项目,正在推进机器人系列科研成果的转化。该平台可系统引进高级专业人才,成立重庆市机器人专家组,开展机器人技术的深度研究,成为重庆市机器人产业的国家级研发示范基地。

二是引导重点企业新建研发平台,鼓励引导重点企业自主或与第三方合作,设立机器人研发机构,发挥重庆机器人骨干企业的技术引领作用,进而带动重庆市机器人相关中小企业协同发展。当前重庆市具有一定规模和知名度的机器人企业大约有80家,其中有6家机器人企业在技术研发领域具有一定优势,分别是重庆华数机器人有限公司、重庆德马变频电机研发制造有限公司、重庆柚瓣家科技有限公司、易拓威(重庆)机器人科技有限公司、川崎(重庆)机器人工程有限公司、哈工大机器人集团重庆有限公司(表6-2)。对这些企业的研发平台建设、技术创新项目和人才引进工作要重点予以扶持,组织开展联合攻关,逐步形成机器人关键技术的本地核心研发能力。

表6-2　重庆市重点支持建设研发机构的本地企业目录

序号	企业名称	当前主要业务领域	主要发展的技术领域
1	重庆华数机器人有限公司	工业机器人、控制系统、自动化生产线的研发、制造、销售与服务	伺服系统、控制器
2	重庆德马变频电机研发制造有限公司	电机等研发、制造、销售与服务	电机、伺服系统
3	重庆柚瓣家科技有限公司	医疗科技、信息科技和电子科技领域内的技术开发、技术咨询、技术服务与技术转让	控制器
4	易拓威（重庆）机器人科技有限公司	智能化科技、机电科技和机械科技领域内的技术开发、技术咨询、技术服务与技术转让	控制器
5	川崎(重庆)机器人工程有限公司	工业自动化领域内的技术研发、技术转让、技术咨询与技术服务	控制器
6	哈工大机器人集团重庆有限公司	机器人产品、零部件、材料的研发、制造、销售及技术服务、技术咨询	机器人本体

三是积极引进国内外知名机器人企业研发机构，提升重庆机器人产业整体研发实力。重庆在机器人产业招商引资过程中，不但要进行“引资”，还应加强“引智”，不但要引导国内外知名企业在重庆落户生产，更应鼓励这些企业在重庆设立研发机构。项目组通过对机器人企业相关数据的收集整理，整理出重庆市可推动设立研发机构的重点引进企业目录，如表6-3所示。

表6-3　重庆市可推动设立研发机构的重点引进企业目录

序号	企业名称	当前主要业务领域	主要核心技术领域	地位
1	ABB	电力和自动化技术领域	电机、传感器、控制系统	全球500强，电机领导企业
2	库卡	设计、开发、安装、测试和调试工业机器人及其零部件	控制器、电机、伺服系统	全球四大机器人品牌商之一
3	安川电机	自有品牌机器人及核心零部件的销售及服务	变频器、伺服电机、控制器	全球四大机器人品牌商之一
4	深圳市汇川技术股份有限公司	工业自动化控制产品的研发、生产和销售	伺服系统、变频器	低压变频器市场占有率处于业内领先地位
5	发那科	数控系统、交流伺服电机	伺服系统	全球数控系统及高端数控机床、工业机器人及智能机械的顶尖企业，工业机器人产销量世界第一
6	成都广泰数控设备有限公司	数控系统、驱动电源，工业机器人研发、生产和销售	控制器	产品质量高，在国内有一定的知名度

对于表6-3列出的重点企业，要力争其研发机构落户重庆，与重庆已有研发基地合作，重点开展人机交互、柔顺控制、功能仿生、智能感知等关键共性技术和前沿技术的研发，打通技术通道，为重庆市本地机器人企业提供共性技术支持和服务，进而突破关键核心技术的壁垒，最终实现技术研发创新制造能力的提升。

6.2 提高产学研协同创新能力

一是推进产学研协同合作，通过政府引导，以高等院校、科研院所和骨干企业为主体，运用包括众包、众创、众筹、众扶等新模式推动机器人产业产学研协同创新。建立多主体的机器人产业技术发展研究机构或产业联盟，开展联合科研攻关和科技创新合作。大力推进双向对接和技术成果转化，不断提升自主创新能力，形成产学一体和研用一体的机器人产业产学研协同创新机制。

二是推进产学研创新资源共享，结合机器人产业产学研协同创新发展的需要，发挥高等院校、科研院所和骨干企业各自的资源优势，共建机器人产业产学研资源共享中心。推动高等院校、科研院所和骨干企业相关资源开放共享，加强双向服务协作，实现科技资源互通互动。

三是推进产学研协同创新平台建设，推动产学研多主体联动，加快搭建机器人产业产学研协同创新发展平台。构建协同创新研发平台、技术孵化平台、产学研供需对接平台、产学研融合展示平台四大平台体系，推进科研设施共享，促进协同创新，实现机器人产业科技成果信息合理共享，依托各大平台定期组织召开机器人产品与技术展示的交流会。

6.3 提升专利成果质量

第一,政府要优化专利资助政策。目前,我国已形成了比较明确的专利资助体系,每个地区的专利资助政策整体上差异不大,导致部分专利申请人为了套取资助而申请一些“假专利”。因此,政府方面应因地制宜,差异化制定专利申请资助政策。专利资助要向发明专利倾斜,减少对外观设计等专利的资助比例。政府要进一步对专利代理制度进行修订,提高专利代理机构和专利代理人的准入标准,同时加强对专利代理机构的监督和管理。

第二,企业应该提升自身的创新意识。机器人相关企业要制定完善的激励制度和专利保护体系,鼓励企业的科研人员自主创新,根据专利质量给予科研人员相应的奖励,从源头上提高专利质量。

第7章
重庆机器人专业人才培育路径

DI 7 ZHANG CHONGQING JIQIREN ZHUANYE RENCAI PEIYU LUJING

第7章 重庆机器人专业人才培育路径

鉴于重庆市机器人产业发展的内外部环境，借鉴先进地区专业人才队伍建设成功经验，建议通过以下途径，有针对性地建设重庆市机器人产业的人才队伍。

7.1 加大高层次人才的引进力度

第一，制定重庆引进机器人产业急需人才专项政策

重庆市政府早在2009年就制定了《重庆市引进高层次人才若干优惠政策规定》，当时重点引进人才领域包括汽车摩托车、石油天然气化工、装备制造、材料冶金、电子信息、综合能源等全市规划发展的重点产业领域，以及全市重点学科和重点实验室研究领域。但随着重庆市产业结构的调整和工业企业的转型升级发展，现阶段需要的紧缺人才专业领域发生了变化，而机器人产业是全国大部分省市都在重点发展的战略新兴产业，机器人

产业高层次人才供不应求，此时需要有针对性地制定机器人产业高层次人才引进激励政策。

第二，有针对性地从高校招聘不同层次的相关人才

我国制造强国战略的第一个十年行动纲领《中国制造2025》，将“高档数控机床和机器人”列为十大重点发展领域。2016年各高校纷纷开设机器人本科专业，很多高校还在自动化专业增设机器人方向，或开设了与机器人相关的专业和课程，还有一些高校成立了机器人实验室或研究中心，开展机器人方面的专门研究。鉴于目前机器人专业人才短缺的实际情况，要根据国内高校机器人专业的布局，尽早采取措施，从相关高校招聘毕业生或引进教学人员、研究人员等专业人才，加强我市机器人产业人力资源的集聚力度。为此，本项目根据收集整理的资料，列出了我国开设机器人相关专业的主要高校及其培养层次，如表7-1所示，以便重庆机器人制造相关企业根据需要进行选拔招聘。

表 7-1　我国开设机器人相关专业的主要高校及其培养层次

院校名称	机器人相关专业									
	机械工程	仪器科学与技术	材料科学与技术	电子科学与技术	信息与通信工程	控制科学与工程	计算机科学与技术	机器人工程	数据科学与大数据技术	智能科学与技术/人工智能
北京大学				博硕本	博硕本		博硕本		博硕本	博硕本
北京工业大学			博硕本					博硕本		
北京航空航天大学	硕本	硕本	硕本	博硕本	博硕本	博硕本	博硕本	博硕本		
北京化工大学			博硕本					博硕本	硕本	
北京交通大学					博硕本					
北京科技大学			博硕本						硕本	硕本
北京理工大学	博硕本		博硕本	博硕本	博硕本	博硕本		博硕本		
北京信息科技大学								硕本		
北京邮电大学					博硕本				博硕本	博硕本
清华大学	博硕本	本	硕本	博硕本	本	博硕本	博硕本	博硕本	博硕本	博硕本

续表

院校名称	机器人相关专业									
	机械工程	仪器科学与技术	材料科学与技术	电子科学与技术	信息与通信工程	控制科学与工程	计算机科学与技术	机器人工程	数据科学与大数据技术	智能科学与技术/人工智能
中国人民大学									博硕本	
中国矿业大学								博硕本		
大连理工大学				博硕本		博硕本				
华南理工大学			博硕本	博硕本	博硕本					硕本
中山大学				博硕本						本
哈尔滨工程大学						博硕本				
哈尔滨工业大学	博硕本		博硕本	博硕本	博硕本	博硕本	博硕本	本	硕本	硕本
安徽大学							博硕本			
合肥工业大学								本		
中国科学技术大学				博硕本	博硕本		博硕本			
河北工业大学			博硕本					硕本		硕本
燕山大学	博硕本									

续表

院校名称	机器人相关专业									
	机械工程	仪器科学与技术	材料科学与技术	电子科学与技术	信息与通信工程	控制科学与工程	计算机科学与技术	机器人工程	数据科学与大数据技术	智能科学与技术/人工智能
解放军战略支援部队信息工程大学					本					
郑州大学			博硕本							
吉林大学	硕本		硕本	博硕本			博硕本			
兰州大学				博硕本						
南昌大学			博硕本							
东南大学				博硕本	博硕本	博硕本	博硕本	博硕本		
河海大学								硕本		
解放军理工大学					本					
南京大学			博硕本	博硕本			博硕本			
南京航空航天大学			博硕本							

续表

院校名称	机器人相关专业									
	机械工程	仪器科学与技术	材料科学与技术	电子科学与技术	信息与通信工程	控制科学与工程	计算机科学与技术	机器人工程	数据科学与大数据技术	智能科学与技术/人工智能
南京理工大学			博硕本			博硕本				博硕本
南京信息工程大学								博硕本		
厦门大学				博硕本						
山东大学			博硕本	博硕本		博硕本				
东华大学			硕本							
复旦大学			硕本	博硕本			博硕本		博硕本	
华东理工大学			博硕本			博硕本				
华东师范大学				博硕本						
上海交通大学	博硕本	博硕本	博硕本	博硕本	博硕本	博硕本	博硕本			
同济大学	博硕本		博硕本			博硕本				
东北大学			博硕本	博硕本		博硕本	博硕本	博硕本		

续表

院校名称	机器人相关专业									
	机械工程	仪器科学与技术	材料科学与技术	电子科学与技术	信息与通信工程	控制科学与工程	计算机科学与技术	机器人工程	数据科学与大数据技术	智能科学与技术/人工智能
电子科技大学				博硕本	硕本		博硕本		博硕本	
四川大学			博硕本	博硕本			博硕本			
太原理工大学			博硕本							
南开大学				博硕本						
天津大学	博硕本	博硕本	博硕本	博硕本	硕本	博硕本				
天津理工大学								博硕本		
华中科技大学	博硕本		硕本	博硕本	博硕本	博硕本	博硕本			
武汉大学				博硕本			博硕本			
武汉科技大学			博硕本							
武汉理工大学			硕本							
西安交通大学			博硕本	博硕本	博硕本	博硕本				

续表

院校名称	机器人相关专业									
	机械工程	仪器科学与技术	材料科学与技术	电子科学与技术	信息与通信工程	控制科学与工程	计算机科学与技术	机器人工程	数据科学与大数据技术	智能科学与技术/人工智能
西安电子科技大学				博硕本	博硕本				本	本
西北工业大学			硕本	博硕本		博硕本	博硕本			
湖南大学				博硕本		博硕本		博硕本		
国防科学技术大学	博本			博硕本	本		博硕本			
中南大学	博硕本		博硕本	博硕本		博硕本			博硕本	博硕本
浙江大学	博硕本		博硕本	博硕本	博硕本	博硕本		博硕本		
重庆大学	博硕本	博硕本		博硕本						博硕本
重庆理工大学								本		
重庆邮电大学								硕本		

注：机器人相关专业名称只是类型的总结，并非各个院校具体的专业名称

7.2 利用本地教学资源培养技能人才

近年来，重庆本地高校陆续开设了机器人及相关学科专业，培养了不同层次的技能人才。可充分利用本地教育资源，推动高校与企业联合创建高质量的技术人才教育平台，提升人才的培养质量，有效满足本地机器人企业对各类技能人才的需求。通过政府引导，针对企业实际需求，推进“校企合作人才培养工程”建设。具体的措施如下：

由企业提供实习基地、设备、原料，并参与学校的教学计划制定，指派专业人员参与学校的专业教学。企业可派遣高级技工、技师等高技能人才到学校授课；学校也可派遣人员为企业人员授课，为企业生产、研发活动提供咨询服务。将机器人企业的部分生产或研发流程与高校的教学活动紧密结合，加强车间和课堂的联系，这不仅有助于解决高校实习实训设备不足的问题，还有利于企业了解学生、学生熟悉企业，畅通学生就业渠道，真正做到“理论学习”与“定岗实训”相结合。

高校与机器人企业可以签订订单式培养协议。企业根据实际情况，向高校提出培养需求，在双方签订合作培养协议后，企业为签订协议的学生提供学费补贴以及实习机会，学生培养合格后，直接输送到企业。

7.3 搭建人才学习交流服务平台

政府可以联合行业协会和中介机构等，建设机器人产业人力资源服务系统，为重庆机器人产业发展服务。

第一，建立机器人产业相关人才服务机构。鼓励教育培训机构、行业企业联合开发优质教育资源，大力支持“互联网+教育培训”发展。支持有条件的社会组织整合校企资源，开发立体化、可选择的产业技术课程和职业培训包。企业进一步落实职工培训制度，加强在岗人员职业培训，支持企业一线骨干技术人员技能提升，鼓励企业向高等学校、职业学校和培训机构购买培训服务。

第二，建立机器人技能人才信息服务体系。政府根据机器人产业的发展需要，做好需求预测，指导社会机构、职业院校等及时了解机器人人才供需状况；分析各类院校机器人相关专业的教育培训能力，指导各类院校及时调整专业设置；支持急需专业的建设，加强师资队伍及配套设施建设，促使各类机构的人才培养能力达到机器人产业的发展需要。

第三，建立机器人技能人才自我提升的培训平台。为满足新时期机器人技能人才自我提升的需求，政府应引领机器人产业做好技能人才成长的规划，为其提供多渠道的培训途径。如，构建技能人才自主网络学习平台，共享网络资源，鼓励技能人才根据自身情况，自主学习，提升能力；设立“技能人才学习交流”活动日，为技能人才之间的沟通交流提供平台，组织技能人才互相分享成功经验与失败教训；等等。

附　录

重庆市机器人产业发展现状调查问卷[①]

重庆市机器人产业发展现状调查问卷

企业名称：

填 表 人：

职　　务：

联系电话：

1. 贵公司的成立时间（　　）

A.2013年以前　　B.2014年　　C.2015年　　D.2016年

E.2017年　　F.2018年

2. 贵公司的性质（　　）

A. 国有企业　　B. 民营企业　　C. 合资企业

D. 外资企业　　E. 其他

3. 贵公司的企业人数（　　）

A.50人及以下　　B. > 50—100人　　C. > 100—200人

D. > 200—300人　　E.300人以上

① 调查问卷制定于2018年。

4.贵公司主营业务及主要产品

主营业务：

主要产品：

5.贵公司产品主要应用于哪些行业领域（多选）（　　）

A.汽摩及零部件制造　B.电子产品　C.交通运输装备

D.物流　E.石油化工　F.金属加工　G.医疗健康

H.教育服务　I.食品加工　J.服装制造　K.橡胶塑料

L.国防军工　M.工程机械　N.电气设备　O.其他

6.贵公司主要产品的市场区域

市场区域：

7.贵公司每年的主营业务收入（　　）

A.100万元以下　B.100万—<500万元

C.500万—<1000万元　D.1000万—<3000万元

E.3000万—<5000万元　F.5000万—1亿元　G.1亿元以上

8.贵公司的关键技术来源于（　　）

A.自主研发　B.与企业合作研发

C.与高校、研究单位合作研发　D.外部引进　E.其他

9.贵公司每年的研发费用占主营业务收入比例为（　　）

A.1%以下　B.1%—<3%　C.3%—<5%

D.5%—<10%　E.10%—20%　F.20%以上

10.贵公司现有与机器人相关的专利数为（　　）

A.10件以下　B.10—<20件　C.20—<30件

D.30—50件　E.50件以上

11. 贵公司研发人员占员工总数比例大致为（　　）

A.10%以下　B.10%—<30%　C.30%—50%　D.50%以上

12. 贵公司对哪些人才需求最为迫切(可多选)（　　）

A. 机器人维修　　B. 生产线操作与维护

C. 本体及核心零部件研发　　D. 系统方案设计

E. 产品安装与调试　F. 售后服务(技术销售与运行维护)

G. 其他

13. 目前贵公司发展面临的主要困难是什么?（　　）

A. 缺乏资金　　B. 人才匮乏　　C. 存在技术短板

D. 市场拓展力度不够　E. 其他

14. 贵公司期望政府从哪些方面进一步推动机器人产业的发展?

____

____

____